10
11
12
13
9
19
20
A AGRIPPINENSIVM
N ANNO 350 N.CH.

Elisabeth Mick

Mit der Maus durch Köln

2000 Jahre Stadtgeschichte für Kinder

Mit je einem Gutschein für einmal freien Eintritt für ein Kind ins Kölnische Stadtmuseum und ins Römisch-Germanische Museum (S.208)!

J.P. BACHEM VERLAG

Elisabeth Mick
1947 in Köln geboren, ist Lehrerin und seit 20 Jahren in der Museumsschule beim Museumsdienst Köln tätig. Neben der Unterrichtung von Schulklassen im Kölnischen Stadtmuseum, Museum Schnütgen und Wallraf-Richartz-Museum entwickelt sie neue museumspädagogische Projekte und erstellt Unterrichtsmaterial zur Kölner Stadtgeschichte für Schüler.

Bibliografische Information Der Deutschen Bibliothek
Die Deutsche Bibliothek verzeichnet diese Publikation in der Deutschen Nationalbibliografie; detaillierte bibliografische Daten sind im Internet über http://dnb.ddb.de abrufbar.

1. Auflage 2006

Lektorat: Martina Dammrat, Köln

Reproduktion/Gestaltung/Einband: Reprowerkstatt Wargalla, Köln/
Eva Kraskes, Köln
Druck: Druckerei J.P. Bachem GmbH & Co. KG, Köln
Printed in Germany
ISBN 3-7616-1914-6

www.bachem.de

Inhalt

Mit dem Heinzel in die Neuzeit

Mit Emma Elf in die Moderne

Was du noch wissen solltest – zum Nachschlagen

Das Treffen am Dom

Mercur, der Teufel, Heinzel Mann und Emma Elf trafen sich in Köln auf der Domplatte. Sie gingen langsam zum Roncalliplatz und setzten sich auf den Brunnenrand. „Hier ist mein Gebiet“, sagte Mercur, der römische Gott, und stellte sich mit seinem wehenden Umhang vor die anderen. „Dort hinten“, sprach er weiter und zeigte auf das Römisch-Germanische Museum, „stand im römischen Köln das Haus mit dem Dionysosmosaik. Eine römische Villa mit zwanzig Räumen, einem riesigen Esszimmer und einem Garten mit Brunnen.“

„Fahr zur Hölle, Mercur!“, meldete sich der Teufel zu Wort und stampfte mit seinem Bockshuf auf. „Hier ist mein Gebiet. Hier stand im Mittelalter der Palast des Erzbischofs. Hier war das Hohe Gericht. Hier wurden Todesurteile gefällt. Hier stand der ‚Blaue Stein‘. Daran wurden die Verurteilten gestoßen, bevor sie hingerichtet wurden.“

Heinzel Mann guckte verdutzt von einem zum anderen und schob sich die Mütze aus dem Gesicht. „Was? Was erzählt ihr hier? Das stimmt alles nicht. Hier lagen Steinhaufen herum. Hier war die Werkstatt für die Steinmetze. Hier war die Dombauhütte. Außerdem standen rund um den Dom noch viele Häuser.“

„Das war doch alles gestern. Das ist doch vorbei. Das ist doch Geschichte“, sagte Emma Elf. „Hier ist jedes Jahr im Winter Weihnachtsmarkt und im Sommer finden Konzerte statt. Hier ist das Paradies der Skater und hier hat die Maus Geburtstag gefeiert, als sie dreißig Jahre alt wurde.“

„Moment, Moment mal“, rief Heinzel Mann. „Was stimmt denn nun? Wer hat denn nun Recht? Was hat sich denn hier wirklich abgespielt?“

„Recht, Recht ... wahrscheinlich haben wir alle Recht“, sagte Mercur „oder?“ – „Natürlich“, sagte der Teufel, „jeder hat Recht. Jeder zu seiner Zeit!“

„Klugscheißer“, zischte Mercur und rümpfte die Nase.

Heinzel Mann kraulte sich verlegen im Bart und zupfte an seinem Ohr.

Emma Elf zog die Nase kraus, reckte ihren Kopf in die Luft und sagte: „Da müsste man mal einen Fachmann fragen."

„Wir brauchen keinen Fachmann", sagte Mercur. „Ich bin selbst Fachmann. Ich bin der römische Götterbote und überbringe Botschaften der Götter an die Menschen. Deshalb kenne ich mich bestens in der römischen Welt und natürlich auch im römischen Köln aus. Ihr könnt mich alles fragen!"

„Alles? Was weißt du schon vom Mittelalter, pah! Das war meine Zeit. Da spielte ich die Hauptrolle. Ich weiß alles vom Mittelalter. Mir ist nichts verborgen geblieben", zischte der Teufel, nahm seinen Teufelsschwanz in die Hand und ließ ihn durch die Luft kreisen.

„Zu meiner Zeit haben Götter und Teufel überhaupt keine Rolle mehr gespielt. Meine Zeit war die Zeit der Erfindungen, der Technik und der großen Fabriken. Zu meiner Zeit änderte sich das Leben der Menschen von Grund auf", überlegte Heinzel Mann laut und rückte sich die Mütze auf dem Kopf zurecht.

Der Seitendurchgang des Nordtores der römischen Stadtmauer auf der Domplatte.

Emma Elf wippte mit dem Fuß. Dann ging sie auf und ab und sagte nach einer Weile: „Also, es ist doch so: Wir sind alle vier Fachleute. Jeder für seine Zeit. Jeder kennt sich in seiner Zeit am besten aus. Zum Beispiel kann ich euch alles über das heutige Köln erzählen – und das ist ja wohl gerade angesagt." – „Langsam!", sagte Mercur eingebildet. „Ich bin der Wichtigste. Ich stehe an erster Stelle, denn mit den Römern fing in Köln alles an. Ohne die Römer wäre Köln bestimmt nie eine bedeutende Stadt geworden!"

Die Römerzeit

Toga eines römischen Senators.

Die römische Herrin trägt Tunika, Stola und Palla.

Mit Mercur in die Römerzeit

Auf den Spuren der römischen Stadtmauer

„Das ist doch unglaublich! Wie diese Kinder auf dem Nordtor der römischen Stadtmauer herumhocken und herumklettern, und was da alles an Tüten, Packungen und Bechern herumliegt. Kennen die keine Mülleimer? Zu meiner Zeit war das anders. – Na wartet, euch werde ich was erzählen."

Mercur war außer sich, sprang auf und wollte schon quer über die Domplatte zum Seitendurchgang des römischen Nordtores rennen.

„Mercur! Bleib hier. Mach dich nicht lächerlich", rief Emma Elf und packte ihn am Umhang. „Das sind Kinder und Jugendliche und die wissen doch nicht, dass sie auf einem fast zweitausend Jahre alten Bauwerk aus der Römerzeit herumtoben."

„Und warum nicht?", schrie Mercur entrüstet. „Man sieht es doch!"

„Man sieht nur das, was man weiß", fiel der Teufel ihm hochnäsig ins Wort. „Und wenn die Kinder nichts über die Geschichte ihrer Stadt wissen, erkennen sie eben auch nicht, dass es ein Bauwerk aus der Römerzeit ist. Es interessiert sie auch nicht. So einfach ist das."

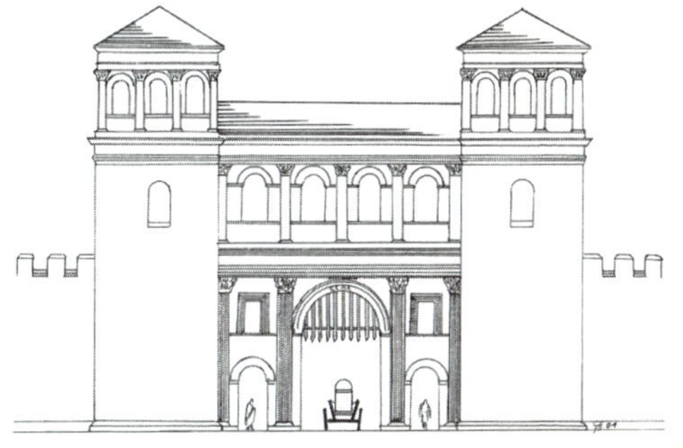

Das römische Nordtor, wie es früher ausgesehen haben könnte. Im mittleren Bogen war die Abkürzung des Stadtnamens CCAA eingemeißelt.

„Mal ehrlich", gab der Heinzel zu bedenken „diese ollen Steine sehen doch wirklich völlig unbedeutend aus. Man weiß doch gar nicht, was das mal gewesen sein soll."

„So etwas kann auch nur der Heinzel sagen", schrie Mercur rot vor Zorn und blitzte den Heinzel mit funkelnden Augen an. „Das sieht doch jeder, dass das mal ein Durchgang war. Es war der seitliche Durchgang vom Nordtor der Römermauer – aber nur für Fußgänger!"

„Ach, was du nicht sagst! Und?", fragte der Heinzel und blitzte Mercur ebenso an.

„Das gesamte Nordtor war ein großartiges Bauwerk. In der Mitte war eine Durchfahrt für Fuhrwerke und Reisekutschen. Oben war sie von einem Steinbogen überspannt, auf dem der Name der Stadt mit den Anfangsbuchstaben eingemeißelt war: CCAA. Auf lateinisch: Colonia Claudia Ara Agrippinensium."

CCAA – Inschrift auf dem mittleren Bogen des römischen Nordtores. Der Bogen ist im Römisch-Germanischen Museum ausgestellt.

„Bitte was?", fragte der Heinzel. „Kannst du diese vier lateinischen Brocken mal übersetzen. Du musst dich schon so ausdrücken, dass wir dich auch verstehen können."

Mercur brummte und murrte vor sich hin. Dann sagte er: „Also, die *Colonia* war eine Stadt, die nach dem Vorbild Roms gegründet und verwaltet wurde. Sie gehörte zu den wichtigen Städten im Römischen Reich. *Claudia* soll an den römischen Kaiser Claudius erinnern, der die Colonia im Jahr 50 nach Christus gegründet hat. *Ara* war ein großer und berühmter Altar in der Stadt. *Agrippinensium* steht für Agrippina, die Frau des Kaisers Claudius, die in Köln geboren wurde. Die Bewohner der Stadt nannten sich ihr zu Ehren Agrippinenser."

„Das hört sich schon ganz anders an. Aber ob ich das behalte, weiß ich nicht", sagte der Heinzel.

„Also, Agrippina wurde hier in Köln geboren, genauer gesagt im ‚Oppidum Ubiorum'. Hier lebten die Ubier, ein befreundeter Germanenstamm der Römer. Als Agrippina Kaiser Claudius geheiratet hatte, hat er ihr zuliebe das Oppidum Ubiorum zu einer römischen Stadt erhoben", erklärte Mercur.

„Also aus Anhänglichkeit und Liebe zur Heimat sozusagen", folgerte der Heinzel.

„Nein! Agrippina wollte ihre Macht auch den verbündeten Völkern zeigen. Sie wollte eine Stadt, die ihren Namen trägt", erklärte Mercur.

„Der große Durchgang des Tores wurde nachts mit einem Fallgitter geschlossen. Man kann heute noch die Rille im Mauerwerk sehen, durch die das Fallgitter lief. Die beiden kleineren seitlichen Tore für die Fußgänger wurden mit schweren Holztüren geschlossen."

„Kommt mal mit. Ich zeige euch was", sagte Emma Elf.

Die vier gingen am Eingang zur U-Bahn vorbei und verschwanden durch die Eisentüre in die Tiefgarage am Dom. Auf dem ersten Treppenabsatz blieb Emma Elf stehen.

„Bitte sehr, ein Rest der römischen Stadtmauer. Ausgegraben beim Bau der Tiefgarage. Bis heute erhalten! Etwa zweitausend Jahre alt!"

„Aber zu meiner Zeit steckte der größte Teil in der Erde und war unsichtbar für uns Römer. Was wir hier sehen, ist das Fundament der Mauer. Es musste die fast acht Meter hohe und 2,50 Meter breite Mauer tragen", sagte Mercur.

Römerzeit

Der Seitendurchgang des römischen Nordtores ist vor mehr als dreißig Jahren, als die U-Bahn gebaut wurde, auf die Domplatte gesetzt worden. Heute steht der Bogen näher am Kölner Dom und wesentlich höher als in römischer Zeit.

Eine Stadt wie Rom

Eine Colonia wurde – ausgehend von einem Straßenkreuz – nach dem Vorbild Roms angelegt. Die Straße von Norden nach Süden wurde *cardo maximus* genannt und die Straße von Westen nach Osten *decumanus maximus*. Beide Straßen sind im heutigen Stadtbild noch gut erkennbar: Die hochwassersichere Hohe Straße verläuft parallel zum Rhein und verband einst Bonn und Neuss (ebenfalls römische Lager); die Schildergasse kreuzte sie und führt hinaus bis nach Aachen.

Ungefähr am Schnittpunkt dieser beiden Hauptstraßen wurde das Forum angelegt, der Hauptversammlungsplatz der Bürger. Neben den Tempeln für mehrere Götter gab es das Rathaus *(Curia)*, öffentliche Bäder *(Thermen)*, ein Amphitheater und den Sitz der Regierung, das *Praetorium*. Als Schutz vor feindlichen Überfällen und als Zeichen der Macht baute man eine Stadtmauer mit Türmen und Toren um das Stadtgebiet. Vor der Mauer wurde ein Graben angelegt.

Die CCAA

C Colonia
Das Vorbild für eine Colonia war die Stadt Rom. Eine Colonia gehörte zu den wichtigen Städten im Römischen Reich.

C Claudia
Kaiser Claudius gründete im Jahr 50 n. Chr. die Colonia. Deshalb erscheint auch sein Name im Namen der Stadt.

A Ara
Ara war ein großer und berühmter Altar in der Stadt.

A Agrippinensium
Die Bewohner der Colonia nannten sich Agrippinenser. Sie ehrten mit diesem Namen Agrippina, die Frau des Kaisers Claudius. Sie wurde im Jahr 15 nach Christus in Köln geboren.

„Jetzt machen wir eine Wanderung", sagte Emma und wippte fröhlich von einem Bein auf das andere. „Unsere nächste Station ist das Haus Burgmauer 14, ein rundes Haus, das aus roten Ziegelsteinen gemauert ist. Es ist rund, weil es auf den Grundmauern eines römischen Wachturms gebaut ist. Es war der erste Wachturm nach dem Nordtor in westlicher Richtung."

„Am unteren Teil kann man noch das römische Mauerwerk sehen. Jetzt gehen wir die Treppe zur Komödienstraße runter."

Sie blieben vor einer Bronzeplatte stehen, die in das Pflaster des Gehweges eingelassen war und den Verlauf der römischen Stadtmauer im Stadtplan des heutigen Köln zeigt.

„Hier stehen wir jetzt", sagte Emma, kniete sich neben die Bronzeplatte auf den Boden und zeigte auf den silbernen Punkt auf der Platte.

„Emma Elf", sagte Mercur streng und zerrte an ihr herum. „Ich bin dran. Ich bin der Spezialist für das Römische. Das ist mein Gebiet."

Auf der Bronzeplatte ist der Verlauf der römischen Stadtmauer zu sehen. Überall in der Innenstadt, wo Reste der Mauer erhalten sind, liegen Bronzeplatten im Boden. Ein silberner Punkt zeigt den Standort an.

„Wieso? Ich weiß doch besser, was bis heute noch von dieser vier Kilometer langen Römermauer übrig geblieben ist. Ich kenne mich aus. Wenn wir jetzt noch ein Stück weitergehen, kommen wir bei der Hausnummer 45 an einen weiteren Rest."

Als sie angelangt waren, begann Mercur sofort über die Bauweise der Mauer zu sprechen. „Bitte hierher gucken. Man sieht, dass die Außenwände aus behauenen Steinen ordentlich und regelmäßig gemauert sind. Das Durcheinander in der Mitte besteht aus *opus caementicium*. Das ist ein harter römischer Beton, der aus einer Mischung aus Kalk, Sand und zerkleinertem Steinmaterial besteht. Die Mauer ist ungefähr acht römische Fuß breit. Ein römischer Fuß misst 29,6 Zentimeter."

Ein Rest der römischen Stadtmauer an der Komödienstraße. Die Außenwände sind regelmäßig gemauert, während das Innere aus opus caementitium besteht.

„Wie ich dich kenne, willst du jetzt sicher, dass wir ausrechnen, wie viel Meter und Zentimeter die Mauer breit ist", fiel der Teufel Mercur ins Wort. „Aber Fehlanzeige, mein lieber Mercur. Ich strenge meinen Grips nicht an. Ich nicht. Ich habe keine Lust dazu." Auch Emma hatte keine Lust zu rechnen. Sie streckte ihren Kopf in die Luft und wippte mit dem Fuß, als ob sie das alles nichts anginge.

„Das sind zwei Meter und sechsunddreißig Zentimeter", sagte der Heinzel gelassen und Emma, der Teufel und Mercur guckten ihn anerkennend an. „Hast du einen eingebauten Taschenrechner?", fragte Emma. „Was soll ich haben?", fragte der Heinzel erstaunt zurück. „Ach, vergiss es", entgegnete Emma, weil ihr einfiel, dass der Heinzel und die anderen noch nie etwas von einem Taschenrechner gehört haben konnten.

„Gibt es noch viele Reste der römischen Stadtmauer?", fragte der Heinzel dann.

Mercur wusste auf die Frage des Heinzels natürlich keine Antwort. Aber Emma kannte sich bestens aus. „Insgesamt könnte ich euch vierzehn römische Mauerreste auf einem Rundgang zeigen."

„Was? Und da müssen wir jetzt überall hingehen? Das kann ja Stunden dauern. Die Mauer war doch vier Kilometer lang und bei jedem Rest hält Mercur uns einen Vortrag. Das halte ich nicht aus! Nicht mit mir", stöhnte der Teufel, „ich kenne mich schließlich mit den

Resten der Römermauer auch aus. Besser als Mercur! Immerhin waren im Mittelalter noch große Teile der Mauer erhalten. Da hinten ist doch schon das nächste Stück. Das ist der Lysolphturm. Er ist nach einem Anwohner benannt worden. Im Mittelalter waren nämlich große Teile der Römermauer in Privatbesitz und die Türme wurden weiter benutzt."

Sie kamen an die Nord-Süd-Fahrt, Ecke Tunisstraße und Komödienstraße, und standen vor dem Lysolphturm, an dem sie noch die Löcher sehen konnten, in denen die Balken für das Baugerüst gesteckt hatten. Der Turm steht auf einem viereckigen Fundament. Turm, Mauer und Fundament sind deshalb so gut erhalten, weil sie verschüttet waren und tief in der Erde steckten.

„Ich gehe jetzt weiter", sagte der Teufel gelangweilt und betrat ohne auf die rote Ampel zu achten die gefährliche Nord-Süd-Fahrt. Plötzlich bremsten die Autofahrer, dass die Reifen quietschten, Autos standen quer auf der Kreuzung und überall wurde wild gehupt.

„Wo ist der Teufel?", fragte Emma Elf aufgeregt. „Ist er unter die Räder gekommen?"

Er war nicht zu sehen. Auch nicht, als alle Autos weitergefahren waren und die Ampel wieder Grün zeigte.

Der Lysolphturm an der Ecke Tunisstraße und Kommödienstraße war ein römischer Wachturm.

Schweigend überquerten Mercur, Emma und der Heinzel die Nord-Süd-Fahrt und danach die Straße Burgmauer. Vor der nächsten Bronzeplatte am Römerbrunnen, nahe beim Zeughaus mit den rot-weißen Fensterläden, blieben sie etwas ratlos stehen. Niemand wollte etwas sagen. Sie waren bedrückt und machten sich Sorgen um den Teufel.

„Hi hi! Hi hi! Hier oben! Oben auf dem Pfeiler!“, wisperte es plötzlich. „Auf der römischen Wölfin. Hi, hi! Seht ihr mich? Nein? Dann müsst ihr die Augen besser aufmachen. Hi, hi.“

Langsam begriffen die drei, dass dem Teufel nichts zugestoßen war. Sie schauten nach oben und sahen den Teufelsschwanz, der um den Kopf der Wölfin geschlungen war.

„Komm runter, du Satansbraten. Los! Wir haben uns Sorgen gemacht“, rief Mercur wütend nach oben.

„Ich bleibe hier. Mir gefällt es hier oben. Von hier aus habe ich eine gute Aussicht. Ich sehe unter mir den Römerbrunnen, im Osten den Kölner Dom und im Westen das Kölnische Stadtmuseum im Zeughaus.“

„Lass ihn doch“, sagte Emma, „der denkt doch sowieso nur an sich. Der hat doch keine Manieren und keinen Anstand. Kommt, wir gehen weiter.“

Emma war missmutig und Mercur schwieg. Sie gingen nur ein paar Schritte weiter, bis sie an der Treppe waren, die zur Zeughausstraße hinunterführt. „Das ist *opus caementitium* hier am Zeughaus“, bemerkte Mercur und strich mit der Hand bedeutungsvoll über das Mauerwerk. Aber Emma Elf hatte nur einen müden Blick für das Gestein übrig. Auch als sie weiter an der Rückwand des Zeughauses an der Burgmauer entlanggingen, machte Mercur nur brummige Bemerkungen: „Römisches Mauerwerk“, sagte er andauernd. Aber Emma guckte schon gar nicht mehr hin.

Die römische Stadtmauer

e Römerstadt Köln war auf allen Seiten von einer vier Kilometer langen :hutzmauer aus Stein und einem tiefen Graben umgeben. Die Mauer war :ht Meter hoch und mit ihren Fundamenten reichte sie mehr als zweieinılb Meter tief in den Erdboden. Sie war durch neunzehn runde Wachtürme verstärkt. Der Bau der Mauer war teuer und aufwändig. Es dauerte wa dreißig Jahre, bis sie fertig gestellt war. Sie schützte die Stadt nicht ır vor Feinden, sondern sie war auch das Zeichen einer großen und ächtigen Stadt. Den Bewohnern des Landes und den Fremden sollte sie : Bedeutung und Macht der Römer vor Augen führen.

Römerzeit

Der Römerbrunnen mit der römischen Wölfin auf dem Doppelpfeiler.

„Schon wieder eine Bronzeplatte", sagte Mercur, als sie am Ende des fast neunzig Meter langen und drei Meter hohen Mauerstücks angekommen waren.

„Ich glaube, wir sind bald an der Nordwestecke angekommen. Da drüben ist ja der Eckturm." Sie überquerten die Straßen und standen nun vor dem Römerturm.

„Wo ist der Heinzel?", schrie Emma Elf plötzlich. „Was ist mit dem schon wieder? Warum kommt der nicht?"

Aber Mercur wusste auch keine Antwort.

„Der Turm gehört zu den römischen Bauwerken in Köln, die am besten erhalten sind. Von der Römerzeit bis heute ist er immer in der Stadt zu sehen gewesen", sagte Emma. Aber sie sagte es lustlos. Ihr fehlten der Heinzel und der Teufel.

„Der Turm ist schön", schwärmte Mercur, „guck dir mal die Muster aus weißen, rötlichen, grauen Steinen und ziegelroten Ziegelsteinchen an. Aber die Zinnen oben auf dem Turm gab es zu meiner Zeit noch nicht. Das muss modernes Mauerwerk sein. Außerdem war er doppelt so hoch."

links: Der Römerturm an der Ecke Apernstraße und Zeughausstraße.

Mitte: Der Römerturm mit Aufbau eines Wohnhauses um 1890.

rechts: Baugerüst beim Bau der Stadtmauer.

„Zu meiner Zeit sah der Turm völlig anders aus“, schrie der Heinzel, der etwas atemlos angerannt kam. „Er war ein mehrstöckiges Wohnhaus mit Fenstern. Eigentlich sollte er abgerissen werden. Aber die Stadt Köln hat ihn gekauft, deshalb ist er bis heute stehen geblieben.“

„Und zu meiner Zeit, im Mittelalter, war der große runde Römerturm ein Klo und ein Abfallbehälter. Neben dem Turm stand das Frauenkloster der Heiligen Clara und für die Nonnen war der Turm ein prima Klo und ein Mülleimer. Da passte viel rein“ sagte der Teufel, der plötzlich neben dem Heinzel aufgetaucht war.

„Du meinst, der Römerturm war eine einzige riesige Kloschüssel. Und die Nonnen haben da ... na ja, du weißt schon?“, fragte der Heinzel.

„Na ja, das meine ich. Aber auch ein Abfallbehälter.“

„Und wie sah das innen aus? Waren da viele Donnerbalken?“

„Woher soll ich das denn wissen. Ich war da nie auf dem Klo. Es war doch ein Frauenkloster!“

„Das mit der Toilette und dem Abfall ist bestimmt der Grund, weshalb der Römerturm bis heute so hervorragend erhalten geblieben ist. Deshalb kann ich auch entschuldigen, dass ein Wachturm der römischen Stadtmauer dazu missbraucht wurde“, sagte Mercur.

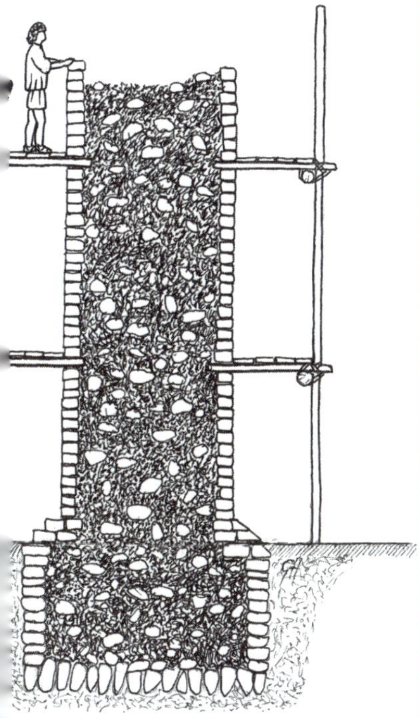

„Wir sind jetzt schon einen Kilometer an der nördlichen Stadtmauer entlanggelaufen. Wir machen Schluss. Die restlichen drei Kilometer sparen wir uns“, sagte Emma.

Mercur guckte beleidigt. Aber die anderen stimmten Emma Elf zu.

„Wo warst du eigentlich eben?“, wollte Emma vom Heinzel wissen. „Wir haben dich vermisst.“

„Oh, ich bin aufgehalten worden. Beim Stadtmuseum tauchten plötzlich ganz viele Heinzelkinder auf, und da haben wir uns natürlich begrüßt.“

Im Kölnischen Stadtmuseum können sich Kinder als Heinzelmännchen verkleiden.

Der Römerbrunnen

Der Römerbrunnen stammt nicht aus der Römerzeit. Er ist 1915 erbaut worden und nach dem Zweiten Weltkrieg verändert wieder aufgebaut worden. Er erinnert daran, dass an seiner Stelle ein Wachturm der römischen Stadtbefestigung gestanden hat. Auf den runden Bildern aus Stein sind Kaiser und Kaiserinnen aus vier Jahrhunderten römischer Herrschaft dargestellt. Auf den viereckigen Steinbildern sind verschiedene Szenen aus dem Leben der Römer zu sehen. Diese Steinbilder stammen vom Vorgänger des heutigen Brunnens, der im Zweiten Weltkrieg zerstört wurde. Oben auf dem sechs Meter hohen Doppelpfeiler steht die ‚Kapitolinische Wölfin'. Der Sage nach hat sie die Zwillingsknaben Romulus und Remus gesäugt, die vor mehr als siebenhundert Jahren vor der Geburt Christi die Stadt Rom gründeten.

Die gesamte Südwand des Zeughauses, in dem sich heute das Kölnische Stadtmuseum befindet, steht auf der alten Römermauer. An der Treppe, die die Burgmauer mit der Zeughausstraße verbindet, kann man den Mauerkern aus *opus caementicium* noch gut erkennen.

Mit dem Fahrstuhl in die Römerzeit

„Kleine Budengasse, Kleine Budengasse! Was soll in dieser Straße sein?“, fragte der Heinzel und rieb sich die Augen. Er hatte mal wieder ein kleines Nickerchen gemacht.

„Schlafmütze“, sagte Mercur. „Zum letzten Mal – in der Kleinen Budengasse ist das Praetorium, der Palast der römischen Statthalter der CCAA, zu besichtigen, und da gehen wir jetzt hin.“

„Wir müssen uns in Richtung Kölner Dom halten und dann den Ratsturm im Auge haben. Dann kommen wir zum Praetorium“, ergänzte Emma.

„Ich gehe jetzt nicht mehr am Dom vorbei“, sagte der Teufel, „da könnt ihr alleine vorbeigehen. Auf gar keinen Fall gehe ich da vorbei! Das fehlt mir noch! Es reicht mir schon, dass wir uns auf der Domplatte getroffen haben. Den Fratzen, Dämonen und Ungeheuern, die mich da von oben aus dem Gestein anstarren, will ich nicht noch einmal begegnen.“

„Ist ja schon gut. Reg dich ab. Dann gehst du eben alleine einen anderen Weg. Denk dran: in Richtung Ratsturm. Weißt du, wie der aussieht?“, fragte Emma Elf.

„Das soll wohl eine Beleidigung sein, was? Als ob ich den Ratsturm nicht kennen würde. Schließlich ist er zu meiner Zeit erbaut worden. Ich weiß doch alles darüber, ich kenne ihn innen und außen, wie meine Westentasche ... tsss, ich und den Ratsturm nicht kennen!“

„Also, wir sehen uns beim Praetorium“, sagte Emma, holte tief Luft und schniefte mit der Nase.

„Ich warte schon eine Ewigkeit auf euch“, sagte der Teufel vorwurfsvoll, als die drei etwas später ankamen.

Angeber, ewiger Angeber und Aufschneider. Und lügen tut er auch noch. Er hat doch gar nicht auf uns gewartet. Ich habe ihn doch gerade noch rennen sehen. Von wegen warten!, dachte Emma. Aber sie ließ sich nichts anmerken.

Sie stießen die schwere Türe auf und stiegen die Stufen ins Ausgrabungsgelände hinunter.

„Da ist ja ein Fahrstuhl“, wunderte sich Emma Elf, als sie unten angekommen waren, „den hätten wir auch nehmen können. Mit dem Fahrstuhl in die Römerzeit – das ist witzig!“

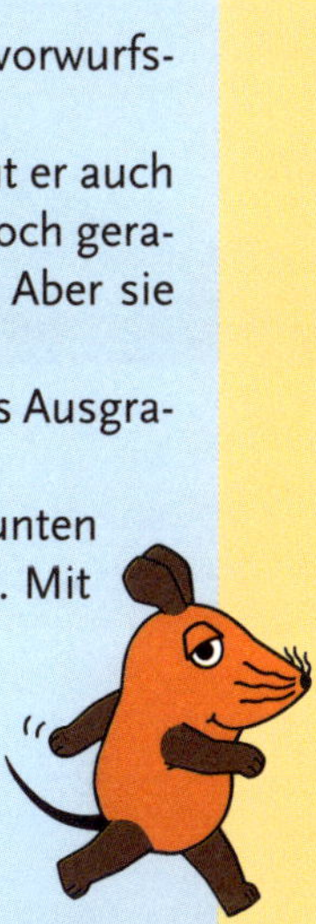

Die Ausgrabungen des Praetoriums unter dem Rathaus.

Sie gingen durch die Türe in den Ausstellungsraum.

„Boh!", staunte der Heinzel. „Hier sind aber viele Steine ausgestellt."

„Das Praetorium war der Amtssitz des Statthalters, der vom Kaiser als sein Stellvertreter eingesetzt wurde. Er hatte viele Aufgaben: den Befehl über die Truppen in seinem Gebiet, die Verwaltung des Landes, die Rechtsprechung und Polizeigewalt. Er musste auch dafür sorgen, dass der Kaiser angemessen verehrt wurde", sagte Mercur.

Modell des Praetoriums in der Ausgrabung.

„Und wo ist der Palast?", fragte der Heinzel.

„Da drüben", antwortete Mercur und zeigte auf das große Ausgrabungsgelände.

„Och nö, Mercur. Schon wieder solche ollen Mauerreste. So viele Steine. Ich kann mir da wirklich nichts drunter vorstellen", sagte der Heinzel, als sie im Ausgrabungsgelände vor den gewaltigen Mauerresten standen und auf einem Steg umhergingen.

„Ich gebe ja zu, dass es nicht einfach ist, sich den Palast vorzustellen, der hier mal gestanden hat und der dann noch mehrmals umgebaut, ausgebaut und vergrößert wurde. Aber wenn du dir das Modell vom Praetorium ansiehst, kannst du dir mehr darunter vorstellen", antwortete Mercur sehr verständnisvoll. „Ich kann euch eine Geschichte erzählen, die wirklich hier in Köln, in diesem Palast des Statthalters um das Jahr 69 nach Christus passiert ist."

Römerzeit

m Nachthemd zum Kaiser ausgerufen

n Rom tobten Aufstände, weil Kaiser Nero sich nicht mehr gegen seine Wider-acher durchsetzen konnte. Er hatte keine Anhänger mehr und er stand ziemlich alleine da. Deshalb flüchtete er aus Angst vor seinen Gegnern aus Rom. Als er merkte, dass die Lage aussichtslos für ihn war, beging er Selbstmord. Bald verbreitete sich diese Nachricht im Römischen Reich. Auch unter den Soldaten in Köln. Mit dem Ruf ‚Der Kaiser ist tot!' stürmten sie in der Nacht in das Praetorium. Sie rissen den Statthalter Vitellius aus dem Bett und riefen ihn zum Kaiser aus. Sie nahmen ihn auf die Schultern und trugen ihn in Nachthemd und Pantoffeln durch die Straßen der Stadt. Im Schein lodernder Fackeln jubelten die Soldaten ihrem neuen Kaiser zu. Einer der Soldaten rannte zum Marstempel, stieß den Tempelwächter zur Seite und holte das Schwert des großen Julius Cäsar heraus. Dann rannte er zurück und drückte Vitellius das Prunkschwert in die Hand. ‚Ave imperator! – Heil dir Imperator!', jubelte das Volk, trank auf das Wohl des neuen Kaisers und zog singend durch die Straßen. Plötzlich ertönte ein Schrei: ‚Feuer! Feuer! Im Praetorium ist Feuer ausgebrochen. Die Flammen schlagen aus dem Speisesaal!' Angst und Schrecken verbreiteten sich. Das Volk glaubte, die Götter hätten sich gegen es gewendet. Aber Vitellius beruhigte sie mit den Worten: ‚Dieses Feuer leuchtet uns zum Sieg.'

„War Vitellius ein guter Kaiser?", fragte der Teufel nach.

„Bei seinen Soldaten war er sehr beliebt, aber er war nur kurz auf dem Kaiserthron", sagte Mercur.

„Und woher weiß man, dass diese Geschichte in Köln passiert ist?", wollte Emma noch wissen.

„Das hat jemand aufgeschrieben. Der römische Schriftsteller Sueton."

Der Teufel hatte sehr interessiert zugehört. Dann sagte er: „Im Mittelalter hat man schon geahnt, dass hier beim Rathaus etwas Römisches sein muss. Als die Baugrube für den mittelalterlichen Ratsturm ausgehoben wurde, hat man dicke Mauerreste gefunden. Aber zu dieser Zeit gab es noch keine Fachleute, die sich so richtig gut auskannten. Als man aber im Jahr 1630 den Stein mit der Inschrift ‚Praetorium' fand, wusste man, dass im Bereich des Rathauses ein römisches Regierungsgebäude gestanden hatte."

„Genau Bescheid wusste man aber erst nach dem Zweiten Weltkrieg, als die Stadt in Schutt und Asche lag. Als man das zerstörte Rathausgebäude im modernen Stil wieder aufbauen wollte, fand man unter den Trümmern diese gewaltigen Mauerreste des Praetoriums. Das war ein Ereignis und die Altertumsforscher standen Kopf und haben alles genauestens erforscht", sagte Emma.

Das Ausgrabungsgelände im Bereich des Praetoriums nach dem Krieg. Hinten links ist der zerstörte Ratsturm zu sehen.

„Man nennt diese Fachleute nicht Altertumsforscher. Archäologen sind das. Und ihr Fachgebiet ist die Archäologie“, verbesserte Mercur und Emma wäre vor Wut fast geplatzt.

„Arch, Arch... Archäologie. Du sollst deine dauernden Verbesserungen bleiben lassen. Ich mag das nicht. Das hab ich dir schon oft gesagt“, schnauzte Emma Mercur empört an.

„Aber wieso haben die das nicht einfach wieder zugekippt und das neue Rathaus gebaut, nachdem sie alles erforscht hatten? Weißt du das?“, fragte Mercur Emma Elf, als wäre nichts geschehen.

„Du musst dir mal vorstellen, was das für ein Ereignis war. Vom Mittelalter bis heute ist hier der Sitz der Stadtregierung. Und jetzt entdeckte man, dass auch schon in römischer Zeit der Regierungspalast auf diesem Gelände stand. Die Fachleute waren begeistert. Überall sprach man davon. Die Kölner Bürger fanden das überwältigend. Sie waren superstolz auf ihre fast zweitausend Jahre alte Geschichte. Und dann ging es los. Die einen sagten: Das muss sichtbar bleiben. Das darf nicht wieder in der Erde verschwinden. Die anderen sagten: Ihr seid verrückt. Das ist doch viel zu teuer. Da müssen wir ja die ganzen Pläne für das neue Rathaus ändern. Das kostet zu viel Geld und zu viel Zeit. Wir brauchen schnell ein neues Rathaus.“

„Wie der Streit ausgegangen ist, wissen wir. Sonst könnten wir hier nicht stehen“, sagte der Heinzel. „Aber was ich dir noch sagen wollte, Mercur“, setzte der Heinzel etwas verlegen hinzu, „es war doch interessant, das mal gesehen zu haben.“

Leben nach dem Tod

„Der Heinzel ist weg“, stellte Emma fest. Sie waren vom Praetorium zum Römisch-Germanischen Museum gegangen und suchten den Eingang.

„Stimmt doch nicht. Ich habe doch seine Mütze gesehen“, antwortete der Teufel gelangweilt.

„Da hinten sieht man sie doch. In so einem Steinsarg. Der Heinzel liegt da drin und stellt sich tot oder schläft. Das findet er bestimmt besonders originell und witzig."

„Das kann doch wohl nicht wahr sein. Das ist doch unglaublich. Das ist nicht zu fassen. Der hat sich in einen römischen Sarkophag gelegt?" Mercur rannte auf den Sarkophag zu, packte den Heinzel am Handgelenk und riss ihn hoch. Nun stand er aufrecht in dem großen Steinsarg.

„Was fällt dir ein!", schrie Mercur. „So geht man nicht mit den Zeugnissen der Vergangenheit um. Da klettert man nicht drin herum. Hier ist kein Spielplatz. Und ein Sarkophag ist kein Bett. Vor einem solchen Sarkophag hat man Respekt, wenn du weißt, was das ist. Da macht man keinen Spaß mit. Hast du überhaupt eine Ahnung davon, wie die Römer mit ihren Toten umgingen? Wie sie bestattet wurden und welche religiöse Verehrung ihnen entgegengebracht wurde?"

Der Heinzel stand wie versteinert in diesem großen Steinsarg und sah sehr elend und verloren aus. Er guckte schuldbewusst zu Boden.

Emma Elf und der Teufel zogen den Kopf zwischen die Schultern und wagten kein Wort zu sagen.

Steinsarg mit Steindeckel vor dem Römisch-Germanischen Museum.

Römischer Glaube

Die Römer fühlten sich ihren Vorfahren sehr verpflichtet. Deshalb wurden die Toten besonders geehrt. Im Glauben der Römer konnten die Toten auf die Geschicke der Lebenden einwirken und ihnen zum Beispiel Unglück bringen. Bei der Bestattung mussten deshalb bestimmte Regeln eingehalten werden.
Weil die Römer an ein Leben nach dem Tode glaubten, legte man den Toten Gegenstände mit ins Grab. Diese Grabbeigaben sollten für verschiedene Zwecke im Jenseits dienen, denn die Römer stellten sich das Leben im Jenseits ähnlich wie das Leben auf der Erde vor.

Grabbeigaben aus einem Grab, das an der Bachemer Straße gefunden wurde.

Emma dachte: Wie redet Mercur denn mit dem Heinzel. So kann man heute doch nicht mehr mit Menschen sprechen. So streng! Das lässt sich doch keiner mehr gefallen! Außerdem sollten die mal einen Deckel auf diese Steinsärge machen, dann kann sich auch niemand mehr hineinlegen. Über die Bestattungen und die Verehrung der Toten bei den Römern weiß ich nichts. Darüber müsste man eigentlich etwas wissen. Aber ich weiß einfach nichts darüber. Ich habe keine Ahnung. Sie schloss beschämt ihre Augen, senkte ihren Kopf und verschränkte die Arme vor der Brust.

Ich vermute, dass die Römer mit ihren Toten anders umgegangen sind als die Menschen im Mittelalter, dachte der Teufel und spuckte mehrmals hintereinander nervös auf den Boden, aber ich weiß nichts Genaues darüber. Ich kann ja auch nicht alles wissen.

Ich habe keine Ahnung und kann gar nichts mehr denken. Ich habe eine völlige Leere im Kopf, dachte der Heinzel nach dem wütenden Getobe von Mercur.

„Eins will ich mal klarstellen“, hob Mercur jetzt wieder an zu sprechen und Emma Elf, der Teufel, aber vor allem der Heinzel waren erleichtert, dass die peinliche Stille vorüber war. „Die Römer haben ihre

Toten außerhalb der Stadt bestattet. Kein Grab innerhalb der Stadtmauer, das war ein Gesetz. In frühester Zeit haben sie die Toten verbrannt und die Asche in ein Gefäß aus Glas, Stein oder Ton gefüllt. Glas war teuer und Ton billig. Auf den Tongefäßen war oft eine Fratze mit Tonwülsten aufgebracht. Sie sollte den Toten vor Grabräubern und Dämonen schützen."

„Wieso Räuber?", fragte Emma, denn sie hatte sich vorgenommen, etwas mehr Interesse zu zeigen. „In dem Grab sind doch nur das Gefäß und die Asche. Was soll ein Räuber denn damit anfangen?"

„Das Gefäß mit der Asche nennt man Urne", antwortete Mercur schroff.

Poing!!, dachte Emma, krieg ich schon wieder eins auf den Deckel. Das macht ja bald keinen Spaß mehr. Diese dauernden Verbesserungen von Mercur!

Urnen aus Ton und Glas. In der Glasurne sind noch die verbrannten Leichenreste erhalten.

„Die Römer stellten sich vor, dass man nach dem Tod im Jenseits weiterlebt und ein angenehmes Leben mit Essen und Trinken führt. Deshalb haben sie den Toten viele Sachen mit ins Grab gegeben: Teller, Schüsseln, Messer, Becher, Krüge, aber auch schöne Schmuckstücke und Beutelchen mit Geld. Die Grabbeigaben eben."

Das Grab mit den Schuhen aus Glas

Mitte der 1970er Jahre wurde von Bauarbeitern an der Severinstraße ein Sarkophag freigelegt. Er wurde von Räubern geöffnet. Sie stahlen daraus ein paar Schuhe aus Glas, eine Münze und etliches andere. Nach mehr als drei Monaten zeigten die Räuber dem Römisch-Germanischen Museum den sensationellen Fund. Als die Archäologen den Fundort untersuchen wollten, war es zu spät. Sie konnten nichts mehr erforschen, weil alles durcheinander gebracht war.

„Für Grabräuber hätte es sich also gelohnt. Denn diese Sachen konnten sie ja noch gebrauchen", folgerte Emma.

„Oder verkaufen und zu Geld machen", sagte plötzlich der Teufel.

Der Heinzel hatte sich wieder etwas gefangen und die Leere im Kopf war langsam gewichen. Etwas zögerlich kam er auf den Sarkophag zu sprechen und leitete seine Frage an Mercur schmeichelnd ein:

„Sag mal, Mercur. Wenn die Römer die Toten verbrannten und die Asche in Urnen füllten und die Urnen in der Erde bestatteten, wozu gibt es denn diese Steinsärge?"

„Die Sarkophage sind nicht so alt. Die Sitten hatten sich geändert. Man verbrannte die Toten jetzt nicht mehr, sondern legte sie in Särge. Die meisten Särge waren natürlich auch nicht aus Stein, sondern aus Holz. Das war billiger, aber auch vergänglicher. Davon ist heute nichts mehr übrig."

„Und die Grabbeigaben? Waren die im Sarg?"

„Manchmal im Sarg, manchmal neben dem Sarg im Grab."

„Und wie konnte man die Stelle erkennen, an der ein Toter bestattet war?"

„Die Stelle eines Grabes wurde durch ein Grabmal gekennzeichnet. Das konnte wiederum aus Holz oder aus Stein sein. Auf den Grabstein haben die Römer ausführliche Inschriften setzen lassen, damit der Name der Toten und ihr Ansehen im Gedächtnis der Nachwelt erhalten blieben. Reiche Römer haben sich riesige Bauwerke als Grabmale an den verkehrsreichen Fernstraßen errichten lassen. Zum Beispiel an der Straße nach Bonn. Da ist ja auch das riesige Grabmal des Poblicius gefunden worden."

„Also ich stelle mir jetzt mal vor", begann der Heinzel sehr überlegt seine Frage an Mercur zu richten, „ich möchte jetzt an der Bonner Straße ein Haus bauen. Dann kommen die Bauarbeiter und schachten das Grundstück aus. Dabei stoßen sie auf einen Sarkophag

Römerzeit

Am Bücherstand des Römisch-Germanischen Museums gibt es zu diesen Themen passende Postkarten.

Das Dionysosmosaik ist sieben Meter lang und zehn Meter breit. Im Mittelfeld ist der Weingott Dionysos dargestellt. Er ist betrunken und muss sich auf einen Satyr stützen.

oder ein Grabdenkmal und auf Grabbeigaben in der Erde. Was dann? Gehört das jetzt mir? Darf ich die Sachen behalten?“

„Tja, Heinzel. Darauf kann ich dir keine Antwort geben. Ich weiß nicht, wie das heute geregelt ist. Ich bin nur Fachmann für die Römerzeit, für die Antike. Vielleicht weiß Emma das.“

„Öh, nein, darauf weiß ich auch keine Antwort. Da müsste man mal die Fachleute fragen. Wie heißen sie noch? Die Arch..., die Archä..., ich glaube, die Archäologen.“

links: Der Weingott Dionysos stützt sich auf einen Satyr.

rechts: Der Panther ist der Begleiter von Dionysos.

Das Haus mit dem Dionysosmosaik

„Sollen wir jetzt mal reingehen?“, fragte Emma Elf.

„Wo rein?“, fragte der Teufel nach.

„Ins Römisch-Germanische Museum. Sachen von den Römern angucken. Wir sind doch schon fast am Eingang. Wir müssen nur noch um die Ecke gehen, dann können wir schon durch die große Glaswand ins Museum gucken.“

„Ich geh‘ einen anderen Weg. Das ist mir zu nah am Dom. Da gaffen mich wieder diese Fratzen und Tiergestalten an“, sagte der Teufel, drehte auf dem Bockshuf um und war weg.

Jetzt waren sie nur noch zu dritt.

„Bückt euch mal und guckt nach unten“, sagte Mercur, als sie vor der großen Glaswand standen. „Da könnt ihr einen echten Mosaikfußboden aus der Römerzeit sehen. Von hier oben kann man die Bilder gut erkennen. In der Mitte ist Dionysos zu sehen. Er gehört genau wie ich zur römischen Götterfamilie. Man erkennt ihn an der hellen Haut und am Kranz aus Weinlaub auf dem Kopf. Er ist der Gott des Weines, der Natur und der Fruchtbarkeit. Dionysos ist betrunken. Der Weinbecher ist ihm aus der Hand gefallen und liegt umgestürzt am Boden. Er muss sich auf den wilden, übermütigen Satyr stützen, damit er nicht umfällt.“

Gesetz zum Schutz und zur Pflege der Denkmäler im Lande Nordrhein-Westfalen

Das Gesetz sagt aus: Denkmäler sind zu schützen, zu pflegen, sinnvoll zu nutzen und wissenschaftlich zu erforschen. Wer in oder auf einem Grundstück ein Bodendenkmal entdeckt, muss dies der Gemeinde innerhalb von vierundzwanzig Stunden anzeigen. Wer nach Bodendenkmälern graben will, muss die Erlaubnis der Oberen Denkmalbehörde haben. Es kann verlangt werden, ein Bodendenkmal gegen Entschädigung abzuliefern.

„Sind das wirklich alles einzelne kleine Steinchen? Millionen von Steinchen?“, fragte der Heinzel.

„Das ist ein Mosaik und ein Mosaik besteht eben aus den vielen einzelnen Würfelchen und Plättchen aus Kalkstein, Ton und Glas. Und je kleiner sie sind, desto schöner wirken die Muster und die Bilder.“

„Kommt, wir gehen mal rein. Dann können wir das viel besser sehen“, sagte Emma.

„Aber vorher habe ich noch eine Frage“, sagte der Heinzel und zog die Stirn kraus.

„Also Mercur, ich hab da ein echtes Problem. Warum laufen wir heute auf dem Roncalliplatz so hoch? Oder anders gesagt, warum ist das Dionysosmosaik so tief? Das sind doch mehrere Meter Unterschied.“

Mercur guckte, als ob er den Heinzel nicht verstanden hätte. Aber Emma wusste sofort Bescheid und antwortete:

„Das ist alles alter Bauschutt aus vielen Jahrhunderten. Früher hat man das alles liegen gelassen. Dadurch wurde der Boden immer ein paar Zentimeter höher. Über die Jahrhunderte wurden mehrere Meter daraus. Ich schätze, dass der Unterschied heute etwa sechs Meter beträgt.“

„Da kannst du recht haben“, stimmte Mercur Emma Elf zu.

Im Römisch-Germanischen Museum

„Hier ist es aber schön“, schwärmte der Heinzel und guckte sich unentwegt um, als sie im Museum die Treppe zum Untergeschoss hinuntergingen.

Das Römisch-Germanische Museum auf dem Roncalliplatz.

Mercur stellte sich jetzt so vor den Mosaikfußboden, dass sie die vielen Bildfelder gut sehen konnten. „Dionysos ist der Gott der gesamten Natur und Fruchtbarkeit. Deshalb sind auch Körbe mit Kirschen, Äpfeln, Birnen und Feigen zu sehen. Göttliche Wesen tanzen und musizieren.“

„Ich habe mal nachgezählt“, sagte Emma. „Es sind zweiunddreißig Bilder.“

„Die Bilder sollten auch gut zum Zimmer passen“, erklärte Mercur, „denn dieser Fußboden war im Esszimmer verlegt, oder besser gesagt, in einem festlichen Speisezimmer, das über sieben Meter lang und über zehn Meter breit war. Es gehörte zu einem Haus mit mehr als zwanzig Räumen. Von allen Wohnräumen des Hauses konnte man in einen Innenhof gehen, der wie ein Garten angelegt war. Unter einem überdachten Säulengang erreichte man alle Räume. Dieser Wohnpalast wurde nur von einer einzigen Familie bewohnt."

„Ahhh, eine Villa. Eine römische Villa war das", staunte Emma.

So könnte das Haus mit dem Dionysosmosaik ausgesehen haben.

Wie ein Schachbrett gegliedert

Die römische Stadt war von einer Stadtmauer umgeben, innerhalb derer das Stadtgebiet wie ein Schachbrett durch Straßen gegliedert war. So entstanden viele einzelne Bauflächen, die von vier Straßen umgeben waren. Die Römer nannten sie *insulae*. Jede der etwa fünfundsiebzig *insulae* war dicht mit verschieden großen Häusern bebaut, die zum Teil sehr einfach waren. Das Grundstück, auf dem das Haus mit dem Dionysosmosaik stand, nahm mehr als die Hälfte einer *insulae* ein. Die Besitzer dieses Hauses mussten also sehr reich gewesen sein, um ein so großes Grundstück zu kaufen. Sicherlich gehörten sie zu den reichsten Bürgern der Stadt.

„Hier seid ihr", rief der Teufel, der noch auf der Treppe zum Untergeschoss des Museums stand. Die drei drehten sich um.

„Ich will dir mal was sagen, Mercur. Bald wäre ich gar nicht mehr weiter gegangen. Ich musste doch wirklich an so einer scheußlichen Maske vorbei. Das war fast so schlimm, wie am Kölner Dom vorbeizugehen. Dieses Gesicht mit den starren Augen und dem Lockenkopf und den Schlangenschwänzen, die unter dem Kinn zusammengedreht sind. Dieser Schlangenkopf an der linken Schläfe! Aus dem Kopf wachsen zwei Hörner – habe ich zuerst gedacht – aber es sind Flügel!"

Die Maske der Medusa im Römisch-Germanischen Museum.

Römerzeit

„Das ist die Medusa“, sagte Mercur. „Sie war eine der drei Gorgonen. Die Ungeheuer, die am meisten Furcht erregten. Jedes Lebewesen erstarrte bei ihrem Anblick augenblicklich zu Stein.“

„Wahrscheinlich steckt noch eine längere Geschichte dahinter“, sagte der Teufel. Mercur gab ihm Recht. Er wollte aber jetzt nichts mehr von den griechischen Gorgonen und der Medusa erzählen.

Ein aufregender Fund

Das Dionysosmosaik befindet sich heute noch an der gleichen Stelle, an der es in römischer Zeit verlegt wurde. Als man 1941 an dieser Stelle die Fundamente eines Bunkers tief in der Erde baute, entdeckten die Bauarbeiter den Fußboden mit dem Dionysosmosaik. Über dem Mosaikfußboden wurde über dreißig Jahre später das Römisch-Germanische Museum gebaut.

In einem römischen Haus

„Ich will mal wissen, wie die Römer gewohnt haben, was sie gegessen haben und wie sie angezogen waren. Kannst du mir was davon erzählen?“, fragte Emma.

„Natürlich“, sagte Mercur. „Für dich tu ich das doch gerne.“

„Ach, für mich würdest du das wohl nicht gerne tun“, mischte sich der Teufel in einem scharfen, spitzen Ton ein. „Du denkst wohl, dass wir uns im Mittelalter nicht für die römische Kultur interessiert haben. Dass wir rückschrittlich waren. Dass in römischer Zeit alles besser war, dass die Lebensart feiner war und die Menschen gebildeter waren!“

„Hör doch auf!“, fiel Mercur ihm ins Wort. „Immer suchst du Streit und stiftest Unfrieden.“

„Ich bin nun mal ein teuflisches Wesen mit ausgesucht schlechten Eigenschaften“, sagte der Teufel mit unverhohlenem Stolz und stampfte zur Bekräftigung heftig mit seinem Bockshuf auf. Dann spuckte er mal wieder unappetitlich auf den Boden.

„Kann es weitergehen?“, meldete sich Emma Elf.

Der streitlustige Teufel gab Ruhe.

„Wo ist der Heinzel? Warum kommt der nicht?", bemerkte Mercur und blickte sich suchend um. „Er ist nirgendwo zu sehen. Gehen wir zurück. Irgendwo muss er ja sein."

Emma entdeckte ihn zuerst. Er war vor der Glaswand zusammengesunken und schnarchte, dass die Scheiben zitterten. Als Mercur den Heinzel weckte, war ihm das sehr peinlich und er bemühte sich, aufmerksam zu sein.

Mercur ging im Museum vorneweg.

„Ich führe euch zu einem Grabstein", sagte er. „Daran kann ich dir, liebe Emma, und den anderen alles erklären."

„Äh? An einem Grabstein?", fragte der Heinzel.

Als ihn der Blick von Mercur traf, hielt er sich die Hand vor den Mund und guckte verlegen.

„Hier ist der Grabstein des Kölner Bürgers Marcus Valerius Celerinus. Marcus war Soldat im römischen Heer und musste die Reichsgrenze gegen die Germanen schützen. Wie es bei den Römern so üblich war, wurde er nach zwanzig oder fünfundzwanzig Jahren entlassen und war dann Veteran. Nun hatte er die Freiheit, sich in Köln anzusiedeln und Bürger der größten Stadt am Rhein mit ihren 20 000 bis 30 000 Einwohnern zu werden."

Römische Öllampe, die mit einer Maske verziert ist.

Marcus liegt bequem auf einem Speisebett, der *Kline*. Sie sieht ähnlich wie ein Sofa aus. Der Tisch vor Marcus hat drei Beine und Löwentatzen als Füße. Auf der Tischplatte stehen ein Trinkbecher, ein Napf und ein Schälchen für den Nachtisch bereit. Auf dem Boden steht ein großer Krug. Große Krüge und Becher mit Henkeln gab es aus Glas, aus Ton oder Metall. Am billigsten waren sie aus Ton. Bei den Römern in Köln war rotgebranntes Tongeschirr besonders beliebt, obwohl es etwas teurer war. Auch die Öllampen waren aus Ton oder Bronze. Sie waren einfach. Durch ein Loch in einem runden Behälter wurde Olivenöl eingefüllt. Der Docht für die Flamme wurde in die vorspringende Schnauze der Lampe gesteckt. Der Docht saugte das Öl an und so bekam die Flamme ständig Nahrung.

„Können wir uns nicht mal die echten, originalen Gefäße und Lampen ansehen? Die müssen doch auch hier ausgestellt sein", fragte der Heinzel leicht vorwurfsvoll.

Grabstein des Marcus Valerius Celerinus. Marcus liegt auf der Kline. Seine Frau Procula sitzt im Korbsessel. Sie werden von einem Sklaven bedient.

„Ja, natürlich. Das können wir später machen. Ich möchte zuerst noch auf etwas anderes eingehen“, sagte Mercur wieder sehr belehrend und fuhr fort:

„Auf dem Grabstein können wir sehen, dass Marcus verheiratet war. Seine Frau hieß Marcia Procula. Sie sitzt auf einem Sessel aus Korbgeflecht. Ihre Füße hat sie auf eine kleine Bank gestellt und auf dem Schoß hält sie einen Korb mit Früchten. Die beiden essen zu

Römische Veteranen

Wenn ein römischer Soldat zwanzig bis fünfundzwanzig Jahre gedient hatte, bekam er zur Belohnung entweder ein Stück Land oder Geld. Er war nun Veteran, also ein altgedienter Soldat.

Viele ließen sich in der Nähe ihres ehemaligen Standortes als Händler, Handwerker oder Wirt nieder. Andere bewirtschafteten auf ihrem Stück Land einen Bauernhof. Erst als Veteran war es dem Soldaten erlaubt zu heiraten, eine Familie zu gründen und private Geschäfte zu machen.

Abend und ein Sklave bedient sie. Er ist rechts zu sehen. Und jetzt stelle ich meine Frage: Warum ist der Sklave klein, Marcia Procula größer und Marcus am größten dargestellt?"

„Mercur", sagte Emma empört, „wir sind hier nicht in der Schule und du bist nicht unser Lehrer. Wir mögen das nicht, wenn du uns so abfragst."

„Oh, tut mir Leid", entschuldigte sich Mercur.

„Es ist doch so", begann der Heinzel, „bedeutende Personen werden immer groß dargestellt und unbedeutende immer klein. Ein Sklave ist unbedeutend und deshalb klein. Marcia ist schon bedeutender, weil sie die Frau von Marcus ist. Er ist der Größte. Bei den Römern steht der Mann über der Frau. Deshalb liegt er auch beim Essen auf der Kline und seine Frau sitzt im Sessel. In römischer Zeit war es eine vornehme Tischsitte, das Essen im Liegen einzunehmen."

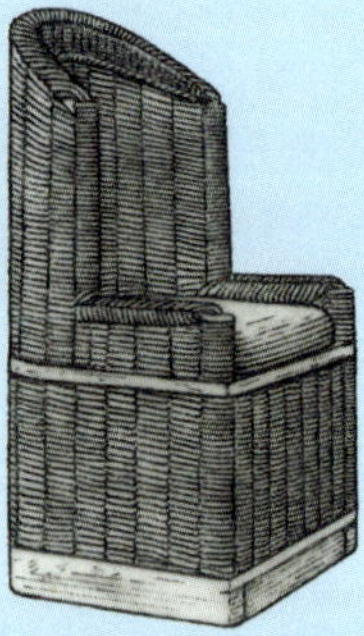

Zeichnung eines römischen Korbsessels.

Nachdem der Heinzel seinen Vortrag beendet hatte, legte er den Kopf so in den Nacken, dass seine Brust etwas anschwoll. Alle blickten ihn erstaunt an.

„Aber Heinzel, was du alles weißt. Das hätten wir ja nie von dir erwartet", sagte Mercur.

„Ja, ja. Ich weiß. Man traut mir nicht viel zu", sagte er und im selben Moment öffnete sich sein Mund und er gähnte anhaltend und verzog das Gesicht dabei.

„Die Römer haben nicht mit Messer und Gabel gegessen", setzte Mercur seine Erklärungen fort. Emma Elf ließ die Schultern hängen und den Kopf nach unten fallen. Sie atmete tief durch die Nase ein und aus dem Mund wieder aus, weil Mercur nicht von seinem Vortrag abzubringen war.

„Weil die Speisen schon zugeschnitten auf Tellern und Tabletts serviert wurden, konnte man sie gut mit den Fingern oder aber mit einem Spießchen in den Mund nehmen. Suppe aß man natürlich mit dem Löffel, der aus Holz, Knochen oder aus Bronze und Silber sein konnte."

„Und was ist mit Fingerwaschen vor dem Essen", mischte sich der Teufel ein. „Bei uns war das so üblich. Bei uns bekamen die vornehmen Herrschaften aus einem Gießgefäß Wasser über die Hände geschüttet, das in einer Schale wieder aufgefangen wurde."

„Ach lieber Teufel. Glaubst du, wir Römer wären nicht auch schon auf diese Idee gekommen. Schließlich haben wir einen regelrechten Wasser-Tick gehabt. Wir ließen uns das frische Quellwasser aus über hundert Kilometern Entfernung kommen. In einer Wasserleitung floss es meist unterirdisch von der Eifel bis nach Köln. Ihr müsst aber nicht glauben, dass in jedem Haus ein Wasseranschluss war. Es gab öffentliche Zapfstellen. Zur Körperpflege ging man in die Thermen, die öffentlichen Bäder."

Die römische Wasserleitung und der Abwasserkanal

Rest der römischen Wasserleitung am Museum für Angewandte Kunst.

Das Wasser wurde durch einen perfekt gebauten Kanal aus dem Vorgebirge und später aus der Eifel nach Köln geführt. Damit das Wasser auf der hundert Kilometer langen Reise aus der Eifel nicht durch undichte Stellen tröpfelte oder verunreinigt wurde, überwachte und pflegte man die Wasserleitung sorgfältig. An vielen Stellen in der Eifel und in der Nähe von Köln sind noch einzelne Abschnitte der Wasserleitung zu sehen.

Das Schmutzwasser floss zuerst in kleine Kanäle oder Rinnen und danach in die unterirdische Hauptleitung. Von dort aus wurde es nach Osten in den Rhein oder nach Süden in den Duffesbach geleitet. Ein Kanal, der Abwasser in den Rhein leitete, ist heute noch zu sehen. Man kann durch dieses unterirdische Stück Abwasserkanal zwischen der Hohe Straße und der Straße Unter Taschenmacher sogar hindurchgehen. Dazu muss man vom Ausstellungsraum des ‚Praetoriums' in der Straße Kleine Budengasse eine Treppe hinuntergehen, die zum 140 Meter langen Stück des römischen Abwasserkanals führt.

„Was haben die Römer eigentlich gegessen?", wollte der Heinzel wissen.

Noch bevor Mercur antworten konnte, plapperte Emma fröhlich dazwischen: „Keine Fritten. Da bin ich mir sicher. Kartoffeln gab's nämlich noch nicht."

„Witzig", sagte Mercur streng.

„Wir haben zum Beipiel als Vorspeise *ius in thynno elixo* und als Beilage *mustea,* oder *ius in diversis avibus,* und zum Nachtisch *ova spongia ex lacte* gegessen."

„Hä, was soll ich mir denn darunter vorstellen?", fragte der Heinzel.

„Lacte, lacte", schrie der Teufel, „das ist Milch, Milch ist das."

„Und *ova* sind Eier", vermerkte Emma Elf trocken.

„Genau", sagte Mercur. „Daraus wurden kleine Omeletts in Olivenöl gebacken, mit Honig beträufelt und mit Früchten der Saison belegt."

„Mmm, das hört sich lecker an. Sehr lecker", sagte der Teufel und fuhr sich mit der Zunge über die Lippen.

„Und was ist *ius in diversis avibus?*", fragte Emma Elf und zog die Stirn kraus.

„Das ist Hähnchenbrüstchen mit Sauce aus Kräutern, Honig, Mandeln, Safran und Weißwein", antwortete Mercur.

Im Buchladen des Römisch-Germanischen Museums findest du Kochbücher mit römischen Rezepten und das Buch *Kleider machen Römer*, aus dem die besprochenen Gerichte entnommen sind.

„Mir läuft das Wasser im Munde zusammen. Hähnchenbrüstchen esse ich für mein Leben gern." Der Heinzel rieb sich den Bauch. „Aber was ist *ius in thynno elixo*? Darunter kann ich mir nun wirklich nichts vorstellen.

„Das ist eine Vorspeise: Thunfisch in Sauce. Sie war eine sehr beliebte Speise bei uns Römern, denn wir haben leidenschaftlich gerne Fisch gegessen. Und dazu die Sauce aus Kräutern, Senf, Honig und kleingeschnittenen Datteln – köstlich!", schwärmte Mercur.

„Bäh." Emma Elf verzog das Gesicht. „Thunfisch mag ich nicht."

„Aber die Beilage dazu, die *mustea,* hätten dir bestimmt geschmeckt. Diese kleinen Brötchen werden mit Anis, Kümmel, Lorbeerblättern und Apfelmost gewürzt", sagte Mercur.

„Ich weiß nicht", meinte Emma Elf. „Ich muss sie erst mal probieren."

Tunika und Toga – römische Kleidung

„Und jetzt? Sind wir hier fertig, Mercur?", fragte Emma.

„Nein! Du wolltest doch auch wissen, wie die Römer gekleidet waren."

„Öh, ja. Aber für Klamotten interessiere ich mich eigentlich nicht so sehr."

„Ich auch nicht", sagte der Heinzel. „Ich trage sowieso immer dasselbe. Was anderes kommt für mich auch nicht in Frage."

„Was soll ich denn dazu sagen? Mich interessieren Klamotten schon gar nicht. Ich laufe doch immer halbnackt herum", sagte der Teufel und kratzte sich am Bauch.

„Bitte, kommt doch mit. Ich biete euch die Gelegenheit, Kleidung als einen wichtigen Aspekt antiker Lebensform zu verstehen und die unterschiedlichen römischen Gewandtypen näher kennen zu lernen."

„Was redest du denn da für ein hochtrabendes Zeug?", begann Emma zu toben. „Das versteht doch kein Mensch. Ich bin sauer. Das macht keinen Spaß mehr. Das reicht mir. Wie oft soll ich dir noch sagen, dass du dich verständlich ausdrücken sollst! Ich gehe jetzt."

Emma drehte sich um und ging zielstrebig zur Treppe.

„Emma, bleib hier. Bitte!", rief Mercur ihr nach. Doch Emma ging unbeirrt weiter.

„Alle Achtung", sagte der Teufel, „das hätte ich ihr nicht zugetraut, dass sie so sauer werden kann."

„Tut mir Leid", murmelte Mercur schuldbewusst. „Was machen wir jetzt?"

Das Stoffstück, das für eine Toga verwendet wird, ist so groß wie ein zwanzig Quadratmeter großes Zimmer.

Römische Bürger

Das römische Bürgerrecht bekam man durch Geburt, wenn beide Eltern Bürger waren. Man konnte es auch durch besondere Verdienste verliehen bekommen oder wenn man als Sklave freigelassen wurde. Ein römischer Bürger wurde als *togatus* bezeichnet, also als jemand, der die Toga tragen darf.

„Wir machen jetzt ohne Emma weiter“, sagte der Heinzel. „Aber mach es kurz.“

Der Teufel brummte unwillig vor sich hin. Von Emma Elf war weit und breit nichts mehr zu sehen. Dann begann Mercur über die Kleidung der Römer zu sprechen.

„Kinder, Frauen und Männer trugen als Alltagsgewand, als Arbeitskleid oder Unterkleid die Tunika. Sie ist ein einfaches Gewand, das aus zwei rechteckigen Teilen an der Seite und an den Schultern zusammengenäht ist. Die Tunika kann aus unterschiedlichen Stoffen und mit Borten oder Stickereien verziert sein. In der Taille wird sie mit einem Gürtel gebunden. Damit sie nicht zu lang ist, sondern nur bis zu den Knien reicht, zieht man den Stoff über den Gürtel.“

„Können wir so ein Unterkleid mal sehen?“, fragte der Heinzel.

„Ja, natürlich. Auf einem Grabstein“, sagte Mercur.

„Oh nein, nein, nicht schon wieder ein Grabstein. Dann stelle ich mir die Tunika lieber nur vor“, sagte der Heinzel.

Römische Bürger trugen über der Tunika die Toga. Nur wer das römische Bürgerrecht besaß, durfte die Toga tragen. So unterschieden sich die Römer von den außerhalb wohnenden Barbaren, den Sklaven und den übrigen Bewohnern des Römischen Reiches. Die Toga besteht aus einem weißen ovalen Stoffstück. Ausgebreitet ist eine Toga mit zwanzig Quadratmetern so groß wie ein Zimmer. Diese Stoffmasse musste nun um den Körper drapiert werden. Das war höchst kompliziert und alleine konnte man das kaum bewältigen. Wer es sich leisten konnte, beschäftigte besonders ausgebildete Sklaven für diese Arbeit. Der Bürger legte besonderen Wert darauf, dass die Vorderseite gewichtig und beeindruckend war. Außerdem musste man üben, sich in der Toga zu bewegen und würdevoll aufzutreten. Das war gar nicht so einfach, denn das große Stoffstück war ja nur gerafft und drapiert und nicht genäht. Alles konnte sehr leicht verrutschen.

Die Toga war die vorschriftsmäßige Kleidung in der Öffentlichkeit. Sie wurde zum Beispiel an staatlichen Festtagen oder bei einem Theaterbesuch, vor Gericht, bei Hochzeiten oder Beerdigungen getragen. Sie war aber auch sehr unbequem und deshalb wurde die Vorschrift nicht immer befolgt. Die Römer hüllten sich lieber in einen bequemen Mantel, den sie wie einen Umhang um die Schultern legten.

Mittlerweile waren sie zu dem riesigen Grabbau des Lucius Poblicius gegangen.

„Dieses riesige Bauwerk habe ich doch eben schon mal gesehen", erinnerte sich der Heinzel.

„Zwischen den vier Säulen im Obergeschoss des Grabmals stehen die Statuen der Verstorbenen. Die Statue in der Mitte ist Lucius Poblicius. Er trägt eine Tunika und eine Toga darüber. Auf der rechten Schmalseite ist die kleine Tochter Paulla, die schon als kleines Mädchen gestorben ist, in der Kindertoga dargestellt."

Die Toga ist um den Körper drapiert worden.

Das Grabmal des Poblicius

Das Grabmal des Lucius Poblicius stand neben vielen anderen Grabbauten außerhalb der römischen Stadt an der Straße, die nach Bonn und nach Rom führte. Das zusammengestürzte Bauwerk wurde am heutigen Chlodwigplatz im Keller eines Hauses entdeckt. Archäologen haben die vielen einzelnen Bruchstücke in mühevoller und langwieriger Arbeit wieder zusammengefügt und die Teile, die fehlten, ersetzt.

Lucius Poblicius war ein Veteran, wie auf der Inschrift zu lesen ist. Nach seiner Dienstzeit muss er aber sehr viel Geld verdient haben und immens reich geworden sein, um sich einen solch prunkvollen, monumentalen Grabbau leisten zu können.

Purpur

Purpur zum Färben der Stoffe wurde aus Purpurschnecken gewonnen. Man benötigte etwa 10 000 Schnecken, um ein Manteltuch rot einzufärben. Purpur war das teuerste Färbemittel und das Zeichen für Reichtum und Vornehmheit.

„Avete, seid gegrüßt."

Die drei drehten sich um und sahen Emma Elf. Sie war in die Toga eines römischen Senators gehüllt.

„Emma, du siehst ja vornehm aus", sagte der Heinzel bewundernd.

„Beeindruckend!", staunte der Teufel. „Wie Kleidung einen Menschen verändern kann!"

„So ist es! Kleider machen eben Römer", sagte Mercur, der sich nicht satt an Emma Elf sehen konnte.

„Woher hast du die Toga?", wollte der Heinzel wissen.

„Es gibt hier Veranstaltungen vom Museumsdienst Köln, in denen Kinder römische Kleidung anprobieren können", antwortete Emma Elf. „Ich habe gefragt, ob sie mich mal als römischen Senator einkleiden. Die Frau war so nett und hat es gemacht."

„Du hast immer Glück. Dir wird jeder Wunsch erfüllt", sagte der Teufel und man hatte den Eindruck, dass er etwas neidisch war.

„Ich gucke mir jetzt mal römische Lampen, Glasgefäße und Teller und Becher aus Ton an", sagte der Heinzel und entfernte sich.

„Ich gucke mir den römischen Reisewagen an", sagte der Teufel.

„Ich gehe zu den Göttern", sagte Mercur.

Wenn du römische Gewänder nähen willst, findest du im Buch *Kleider machen Römer*, herausgegeben vom Museumsdienst Köln, Schnittmuster und Anleitungen zum Nähen und Anlegen römischer Kleidung. Das Buch gibt es im Buchladen des Römisch-Germanischen Museums zu kaufen.

Römischer Reisewagen (Nachbau) im Römisch-Germanischen Museum. Die Metall- und Bronzeteile sind original.

Die Verehrung der Götter

„Was bedeutet eigentlich IOM?", fragte der Heinzel.

„Wie kommst du denn da drauf? IOM, IOM? Hab ich noch nie gehört und nie gesehen. Kann ich mir auch nichts drunter vorstellen", sagte Emma Elf.

„Aber ich habe das schon mal auf Steinen gesehen", beharrte der Heinzel.

„IOM ist eine Abkürzung", sagte Mercur. „Und ausgeschrieben lautet das: IOVI OPTIMO MAXIMO."

„Wir verstehen nichts. Das weißt du doch", meckerte Emma Elf.

„Jetzt platzt mir aber der Kragen", donnerte Mercur los. „Ich kann doch auch nichts dafür, das die Römer lateinisch gesprochen haben. Ich kann doch wirklich nichts dafür, dass heute fast kein Mensch mehr das Lateinische beherrscht und manche denken, Latein wäre Hundefutter. Aber bitte. Ich übersetzte es euch: ‚Dem besten und größten Jupiter' – das bedeutet die Abkürzung IOM."

„Na vielen Dank", bemerkte der Heinzel. „Ich habe verstanden. Das kann nur bedeuten, dass es was mit deiner Götterfamilie zu tun hat."

„So ist es", entgegnete Mercur. „Wenn sich irgendwo im riesigen Römischen Reich Bürger ansiedelten, sorgten sie dafür, dass sie ihre Göttinnen und Götter wie in Rom verehren konnten. Sie richteten ihnen Heiligtümer ein, in denen sie Gottesdienst hielten. So war das auch in Köln. Jupiter war der Gott des Himmels, der Blitze und des erquickenden Regens. Sie verehrten ihn als Vater, der über die Götter herrschte. Juno war seine Frau und Minerva seine Tochter. Alle drei zusammen wurden als Kapitolinische Trias im Jupitertempel verehrt. Sie waren Staatsgötter und ihnen wurde überall im Römischen Reich gehuldigt." – „Entschuldigung, Entschuldigung, Entschuldigung für das Wort Ka-pi-to-li-ni-sche Trias", sagte Mercur schnell.

Der römische Gott Jupiter auf seinem Thron.

„Muss man wissen, was das ist?", fragte der Heinzel.

„Nein", antwortete Mercur, „man muss gar nichts wissen. Aber je weniger man weiß, desto eher glaubt man alles, was erzählt wird."

„Na gut, dann erkläre uns mal die Ka-pi-to-li-ni-sche Trias", bat der Heinzel, obwohl er gerade wieder ein Gähnen unterdrückt hatte.

„Trias steht für drei. Und Kapitol ist einer der sieben Hügel Roms, auf denen die Römer wichtige Bauwerke des römischen Staates errichteten. Auf ihm stand der Tempel für Jupiter, Juno und Minerva. In Köln gab es auch einen Kapitolstempel. Der stand aber auf einem sehr kleinen Hügel."

Römische Gottheiten

Die Römer sahen in allem göttliche Kräfte wirken und deshalb glaubten sie an eine Vielzahl von Göttern und Göttinnen. Sie verehrten sie, richteten ihnen Heiligtümer ein und brachten ihnen Opfergaben und Geschenke dar. Neben den römischen Göttern verehrten die Einwohner Kölns auch Gottheiten der Germanen. Man erhoffte sich von ihnen reiche Ernte und allgemeines Wohlergehen, Hilfe bei der Bewältigung von schwierigen Aufgaben, Beistand im Kampf gegen Feinde und vieles mehr. Man wünschte sich Erlösung von den Nöten des Lebens und ewige Glückseligkeit nach dem Tode.

Bis heute sind mehr als vierzig verschiedene Gottheiten aus dem römischen Köln bekannt. Zum Beispiel:

Fortuna	die Glücksgöttin
Victoria	die Siegesgöttin
Neptun	der Meeresgott
Venus	die Liebesgöttin
Mars	der Kriegsgott

Die Göttin Fortuna war die Glücksgöttin. Deshalb hält sie das Füllhorn im Arm, das von Früchten überquillt. In der Hand hält sie ein Steuerruder, weil sie das Leben der Menschen steuert.

„Kapitol, Kapitol, habe ich doch schon mal gehört", grübelte Emma. Dann fiel es ihr ein: „Heute steht da eine große romanische Kirche mit dem Namen St. Maria im Kapitol. Sie steht auch auf dem Hügel. Man muss nämlich Stufen hochgehen, wenn man die Kirche besuchen will."

Der Teufel hatte sich während der ganzen Zeit mit sich selbst beschäftigt und nicht zugehört. Mal kratzte er an seinem Bockshuf herum, mal entknotete er seine verklebten Schwanzquaste und versuchte sie mit den Fingern zu kämmen, mal rieb er an seinen Hörnern herum. Es war nicht gerade appetitlich, was er trieb.

„Über was redet ihr da? Ich habe gerade was von St. Maria gehört."

„Hör doch zu, dann weißt du, worüber gesprochen wird", sagte Emma.

„Aber die Römer kannten doch keine Heiligen und keine Kirchen. Die hatten doch ihre Götter und ihre Tempel."

„Ja. Jeder Gott oder jede Göttin war für irgendetwas zuständig und hatte ein Erkennungszeichen. Meine Erkennungszeichen sind Geldbeutel, Flügelhut, Schuhe mit Flügeln und ein Schlangenstab. Später, als sich das Christentum im Römischen Reich verbreitete, wurden auf den Resten von Tempeln und Heiligtümern christliche Kirchen errichtet. Ich will ja nicht angeben, aber ich wurde sehr geschätzt. Ich war ein beliebter Gott, weil ich die Nachrichten der Götter augenblicklich den Menschen überbracht habe. Ich habe auch dafür gesorgt, dass die Toten schnell ins Jenseits befördert wurden. Das hat mir sehr viel Verehrung eingebracht. Daneben habe ich noch die Reisenden und Kaufleute beschützt. Im Römischen Reich war viel Verkehr auf den Straßen und auf dem Rhein. Die Fernhändler mussten die Waren für die anspruchsvollen Kölner oft von weit her holen. Deshalb trage ich auch als Zeichen den Geldbeutel in der Hand."

Den Göttern sei Dank

Viele Steindenkmäler, die die römische Zeit überlebt haben, sind keine Grabsteine, sondern Weihesteine. Sie wurden aus Dankbarkeit gegenüber den Göttern aufgestellt. Das konnten große Weihesteine sein, aber auch kleine Götterbilder aus billigem Material.

Römerzeit

Kleine Statue des Götterboten Mercur aus Bronze. Mit Flügeln am Hut und an den Schuhen konnte er schnell die Botschaften der Götter überbringen. In der rechten Hand hält er einen Geldsack, in der linken einen Schlangenstab.

Im Römisch-Germanischen Museum sind in etlichen Vitrinen Götterfiguren zusammengestellt. Auf der Insel *Kaiser der Götter, Gott der Kaiser* sind viele Weihesteine für unterschiedliche Götter aufgestellt.

Streit um die Franken

Aufregende Entdeckung

„Mach Platz, Mercur, deine Zeit ist vorbei."

Der Teufel schubste Mercur so heftig beiseite, dass auch der Heinzel und Emma etwas abbekamen.

„Hau ab! Und warte gefälligst, bis ich fertig bin und du an der Reihe bist!", antwortete Mercur schroff. „Nach den Römern folgen die Franken und die zählen noch zu meiner Zeit."

„Ha, dass ich nicht lache, die Franken sollen zur Römerzeit gehören?", entgegnete der Teufel spöttisch. „Das kannst du meinen teuflischen Großmüttern erzählen ..."

„Schließlich sind im Römisch-Germanischen Museum auch die fränkischen Überreste ausgestellt", fiel Mercur ihm ins Wort.

„Komisch", sagte der Heinzel, „dann müsste das Museum doch Römisch-Fränkisches Museum heißen."

„Wie hört sich das denn an! Römisch-Fränkisches Museum. Ich muss doch mal klarstellen, dass die Franken ein germanischer Stamm waren. Germanisch ist doch der Sammelname für die vielen einzelnen Völkerschaften zu dieser Zeit. Germanisch hört sich auch eleganter an als Fränkisch. Ger-ma-nisch! Das klingt vornehm und überlegen", antwortete Mercur.

„Kann es jetzt mal weitergehen?", meldete sich Emma Elf, die ungeduldig von einem Bein auf das andere tappte. „Mir ist es völlig egal, in welche Zeit ihr die Franken einordnet. Die Frankenzeit kam nach der Römerzeit. Frühes Mittelalter war das. Wollt ihr eine wahre Geschichte hören?"

„Mm", sagte der Heinzel und gähnte. „Ist sie lang? Muss ich zuhören?"

Emma sagte kein Wort. Sie legte nur ihre Stirn in Falten und verzog den Mund.

„Ich bin dran", sagte der Teufel, spuckte wieder mal auf den Boden und piddelte an seinem Schwanz herum. Dann sagte er gönnerhaft: „Na gut, Emma. Weil du es bist, lasse ich dir mal den Vortritt. Aber ich weiß nicht, ob mich deine Geschichte interessiert. Mal sehen."

„Ich möchte sie hören. Mich interessieren alle Geschichten, die mit Geschichte zu tun haben, fang an!“, rief Mercur gut gelaunt, denn er war froh, dass der Streit mit dem Teufel beendet war.

„Elender Streber“, zischelte der Teufel. „Du bist ein neugieriges, eingebildetes und hochnäsiges Göttergewächs und ein schmieriger Schleimer.“

Zum Glück stand Mercur weiter weg vom Teufel und verstand sein Gezischel nicht.

Römerzeit

Die rätselhafte Grabkammer

„Wir machen jetzt eine kleine Zeitreise zurück in das Jahr 1958“, begann Emma geheimnisvoll. „In diesem Jahr waren Bauarbeiter dabei, unter dem Kölner Dom eine vier Meter tiefe Grube für das Fundament einer Mauer auszuheben. Plötzlich rutschte ein Bauarbeiter von der Steinplat-; auf der er stand, ab und plumpste in einen Hohlraum hinunter. Es gab große Aufregung und eschrei. Man zog den Bauarbeiter wieder hoch und holte Lampen, um zu sehen, was da unten ar. Als die Männer in die Höhlung leuchteten, traf das Licht auf etliche Glasgefäße, goldglänzen-en Schmuck und einige andere Gegenstände. Man stellte fest, dass der Bauarbeiter in eine unter-dische Grabkammer gerutscht war. Der größere Teil der Grab-ammer lag aber noch unter einer vier Meter hohen Erdschicht. s war sehr gefährlich, sie auszuheben, um zu sehen, was darun-r war. Es konnte ja alles einstürzen. Also hat man sich vom opfende des Grabes her unter der Erdschicht zum größeren Teil r Grabkammer durchgegraben. In der Grabkammer fand man ann winzige Knochenreste, einen Haufen gut erhaltener Zähne, ile des Sarges und insgesamt über hundert verschiedene kostba- Dinge: Goldmünzen, Ohrringe mit Edelsteinen, eine Halskette s Goldmünzen und Goldanhängern, Glasperlen, eine Gürtel-hnalle, eine Schere, ein Messer und Trinkgefäße, Glasflaschen it Salben und Ölen, Schuhe, Nähnadeln, einen Eimer, Schalen, n Kasten und die Reste eines Teppichs.

Funde aus dem fränkischen Frauengrab.

n Sarg hatte eine Tote gelegen, die nicht älter als achtundzwanzig Jahre gewesen sein konnte. as hatte die wissenschaftliche Untersuchung der Zahnreste ergeben. Außerdem war die Tote sehr erlich. Man hatte ihr nicht nur ihren kostbaren Schmuck mit ins Grab gegeben, sondern auch e Gegenstände, die sie in ihrem Leben am Gürtel bei sich trug, und solche, die sie bei ihrem ben im Jenseits vielleicht gut gebrauchen konnte.

er Monate später wurde ein zweites Grab entdeckt. Zuerst konnte man durch eine kleine Öffnung ır Waffen und viele Holzreste erkennen. War das vielleicht das Grab eines fränkischen Fürsten?

Drei Wissenschaftler machten sich nun daran, das Grab zu erforschen und die Grabbeigaben zu sichern. Das war sehr schwierig! Der erste konnte in dem Grabbau nur auf dem Bauch liegend alles untersuchen und ihn Zentimeter für Zentimeter ausmessen. Der zweite trug alles, was der erste ihr sagte, sorgfältig in einen großen Plan ein. Der dritte schrieb jede Beobachtung, die der erste macht auf. Als die drei ihre Untersuchung nach Monaten beendet hatten, wusste man Bescheid.
In dem Grabbau war ein Junge von etwa sechs Jahren bestattet worden. Er lag auf einer Totenlade, die aussah wie ein Kinderbettchen. Rechts und links des Bettchens lagen Waffen. Am Fußende stand ein Stuhl. Die Beine waren abgesägt, damit er in die Grabkammer hineinpasste. An dem Stuhl hing ein kleiner Helm. Unter dem Stuhl standen weitere Grabbeigaben. Man fand: einen Eimer, drei Gläser, ein Trinkhorn, ein Futteral mit zwei Messern, Silbermünzen und Silberschnallen, die wohl zur Kleidung gehörten, drei goldene Knöpfchen, einen Goldring, Pfeil- und Lanzenspitzen und anderes mehr. Insgesamt vierunddreißig Grabbeigaben. Vieles war in Einzelteile zerfallen, der kleine Kinderhelm sogar in achtzig Stücke. Der kleine Junge und die junge Frau gehörten zu einer sehr vornehmen fränkischen Familie, zu einer Fürstenfamilie oder sogar zu fränkischen Königsfamilie und waren um das Jahr 550 nach Christus bestattet worden.“

Funde aus dem fränkischen Knabengrab (Nachbildungen).

„Hast du dir das ausgedacht?“, fragte der Heinzel, der sehr aufmerksam zugehört hatte.

„Das ist jetzt eine wirklich dumme Frage. Emma hat doch gesagt, es ist eine wahre Geschichte!“, antwortete Mercur.

„Das war wirklich so“, bestätigte Emma und fügte hinzu: „Du kannst ja mal in die Schatzkammer des Kölner Domes gehen. Da sind alle Funde aus dem Frauengrab und dem Grab des kleinen Jungen ausgestellt. Zum Beispiel der Kinderhelm und das Schwert und die Kette mit den Goldmünzen.“

„Wo ist das ausgestellt? In der Schatzkammer des Domes?“, zickte der Teufel plötzlich los. „Da hinein setzte ich keinen Bockshuf! Nie! Niemals! Da riecht es nach Weihwasser, und das ist für unsereinen das Schlimmste!“

Emma hatte wirklich viel Geduld, sagte dazu wieder nichts, sondern sprach ungerührt weiter: „Durch die Grabbeigaben weiß man jetzt auch, dass es in der Frankenzeit sehr gute Handwerker in Köln gab. Zum Beispiel Glasbläser, Goldschmiede, Waffenschmiede, Schlosser und Taschenmacher.“

„Das haben die Franken alles von uns Römern gelernt", begann Mercur. „Die Franken waren nämlich Bauern. Sie haben Land beackert und Vieh gezüchtet. Sie haben unsere Gutshöfe außerhalb der Stadtmauer übernommen und neue Siedlungen gegründet. Sogar in der Stadt haben sie Landwirtschaft betrieben. Sie konnten nichts anderes. Sie hatten keine Ahnung vom städtischen Leben und der städtischen Kultur, von Recht und Ordnung, von Theater, Musik und Kunst. Und so sah es in der Stadt dann auch aus: Tempel, Theater, Thermen, wie die großen Bäder bei den Römern genannt wurden, waren zertrümmert. Wasser- und Abwasserleitungen zerschlagen und verrottet, Straßen waren zerstört und die Häuser verfallen. Im Praetorium nisteten sich die fränkischen Könige ein. Nur die römische Stadtmauer wurde gepflegt, denn sie sollte auch die Franken vor Feinden schützen. Die Franken waren brutal und kampflustig und unersättlich prunksüchtig. Deshalb war der Besitz von Gold und Waffen das Wichtigste für sie!"

Die Franken – die Erben Roms

Der Name Franken bedeutet soviel wie ‚die Freien'. Nachdem die Franken Köln erobert hatten, machten sie es zur Hauptstadt eines Teilreiches. Chlodwig, aus der Herrscherfamilie der Merowinger, war ein geschickter Führer und ihm gelang es, die wilden, zerstrittenen Stämme der Germanen zu einigen. Doch dann machte er sich rücksichtslos zum Alleinherrscher. Er errichtete das ausgedehnte Frankenreich und ließ sich zum König aller Franken ausrufen. Schließlich ließ er sich im Jahr 496 taufen und wurde Christ. Das hatte er versprochen, wenn er in der mörderischen Schlacht bei Zülpich durch Gottes Hilfe die Alemannen besiegte. Nun war er der erste germanische König mit christlichem Glauben. Das brachte ihm Vorteile, denn die Kirche, der Papst und die Bischöfe hielten zu ihm. Viele Franken folgten dem Beispiel Chlodwigs und wurden auch Christen.
Im 5. Jahrhundert begann in Europa der langsame Übergang vom Römischen Reich zum europäischen Mittelalter. Deshalb sagt man auch: die Franken – die Erben Roms.

„Jetzt ist Schluss, Mercur! Ich bin dran!" Der Teufel setzte einen Bockshuf vor, stemmt die Arme in die Taille und schob den Kopf vor. Plötzlich nahm er seinen Schwanz in die Hand und wischte Mercur damit eins über. „Davon kannst du noch mehr haben, wenn du mich jetzt nicht endlich dran lässt." Mercur war total erschrocken. Verwirrt und mit offenem Mund stand er da und konnte kein Wort mehr herausbringen.

Das Mittelalter

Das ‚Weltgericht', gemalt von Stefan Lochner um 1435/39 ist heute im Wallraf-Richartz-Museum zu sehen.

Mit dem Teufel in das Mittelalter

Mord und Totschlag

Mittelalter

„Was hast du da gerade gesagt? Mit List gefangen genommen und getötet? Von Mördern im Schlaf mit der Axt erschlagen? Auf Befehl enthauptet?“, fragte Emma Elf nach.

„Ja, so war das“, sagte der Teufel. „Im frühen Mittelalter ging es rau zu. Streit war in den mächtigen Familien nichts Besonderes. Oft endete er mit Mord und Totschlag. Das war normal. Oder fast normal.“

„Kenn ich“, sagte Mercur, der sich nach ihrem letzten Treffen allmählich wieder beruhigt hatte. „In römischer Zeit war das auch so. Wenn Leute unbequem wurden, ermordete man sie kurzerhand. Kaiser Claudius ist sogar von seiner eigenen Frau Agrippina umgebracht worden. Aber zu meiner Zeit wurde auch noch Gift gereicht. Was glaubt ihr, wie es später Agrippina ergangen ist. Der eigene Sohn hat dreimal versucht sie zu vergiften. Aber sie hat immer ein Gegengift genommen. Zum Schluss hat ein Mörder sie erdolcht.“

„An der Zeit des frühen Mittelalters habe ich mein teuflisches Vergnügen. Eine wunderbare Zeit war das.“ Der Teufel legte den Kopf zur Seite und verzog sein Gesicht zu einem breiten, spöttischen Grinsen. Dann nahm er seine Schwanzquaste in die Hand und wedelte damit Emma und dem Heinzel vor dem Gesicht herum.

„Es gab andauernd Streit in der herrschenden Familie der Merowinger. Streit um das Erbe, Streit um den Thron. Die haben sich schlimmer benommen, als wir Teufel uns das wünschen konnten. Jedenfalls mussten die Merowinger ihren Platz an der Spitze des Frankenreiches räumen. Nun stand die Familie der Karolinger an der Spitze. Aber wunderbarerweise ging es auch in dieser Familie hoch her. Nach dem Tod des Fürsten Pippin zankten sich seine Witwe Plektrudis

Grabplatte der Plektrudis in der Kirche St. Maria im Kapitol.

und ihr Stiefsohn Karl Martell. Schließlich verbannte Karl seine Stiefmutter. Sie lebte nun in den Mauern des ehemaligen Kapitolstempels."

St. Maria im Kapitol

Die Kirche St. Maria im Kapitol zählt zu den zwölf großen romanischen Kirchen in Köln. Sie steht auf einem kleinen Hügel. In römischer Zeit stand dort der Kapitolstempel, in dessen Mauern sich Plektrudis zurückzog. Die heutige Kirche wurde vor etwa tausend Jahren von Ida erbaut, die Vorsteherin eines Stifts war. Bei St. Maria im Kapitol wurde zum ersten Mal in Köln ein Chor in der Form eines Kleeblattes gebaut.

„Hör endlich auf, mir mit deinem stinkigen Schwanz vorm Gesicht herumzuwedeln!", schimpfte Emma. Sie war schon sehr ärgerlich und auch der Heinzel schlug mit der Hand nach dem Schwanzende des Teufels und brummte: „Du nervst."

„Weiß ich, lieber Heinzel", antwortete der Teufel, „ich bin aber nun mal der Herr Teufel und nicht der Herr Engel."

„Lass das sein, du benimmst dich einfach schlecht", mischte sich Emma Elf ein.

„Ja, ja. Heutzutage hat niemand mehr Respekt vor mir. Was waren das im frühen Mittelalter doch für schöne Zeiten! Das Christentum hatte sich durchgesetzt und die Christenmenschen hatten Angst vor uns Teufeln. In der Vorstellung der Menschen lauerten wir überall: in jeder Ecke, auf Kirchturmspitzen und in Kirchenbänken, unter Betten, zwischen Balken und in Gemäuern, vor Häusern und hinter Türen. Sogar im Kochtopf und in ihren Kleidern trieben wir unser Unwesen. Wir waren immer dabei. Uns blieb nichts verborgen. Und wir waren immer bereit, die Menschen zu verführen. Eine tolle Zeit war das."

links: Anstatt die Messe in der Kirche zu besuchen, geht ein Ehepaar spazieren und trägt eitel seine feinen Kleider zur Schau. Es hat sich vom Teufel dazu verführen lassen.

rechts: Die Männer fluchen und lästern über Gott. Der Teufel hat sie dazu angestiftet.

„Da bin ich aber froh, dass diese Zeit vorbei ist. Wenn ich mir vorstelle, dass du dich in meinem Bett und in meiner Hose herumtreibst, läuft mir ein Schauder über den Rücken", sagte Emma und guckte auf ihre Jeans mit dem Riss am Knie.

Der Erzbischof als Stadtherr

„Ich muss zugeben", begann der Teufel, „dass Köln nach der Römerzeit ziemlich unbedeutend geworden war. Das änderte sich erst, als Karl der Große an die Macht kam. Er eroberte unglaublich viel Land im Osten Europas und dadurch wurde Köln zu einem geistlichen Zentrum."

Jetzt fängt der auch schon an, in unverständlichen Fremdwörtern zu sprechen, dachte Emma Elf und sagte sofort: „Was ist das bitte? Erkläre uns mal ein ‚geistliches Zentrum'."

„Ich denke nicht daran. Was ein Zentrum ist, weiß schließlich jeder. Es liegt in der Mitte. Und so war das auch im Reich Karls des Großen. Köln lag jetzt mittendrin. Und geistlich betrifft die Religion und die Kirche. Köln war von da ab nicht nur der Sitz eines Bischofs, sondern eines Erzbischofs. Ihm unterstanden jetzt mehrere Bistümer, denen jeweils ein Bischof vorstand. Der erste Erzbischof war Hildebold. Er wurde zum Berater Kaiser Karls des Großen. Außerdem wurde zu seiner Zeit mit dem Bau des ersten Kölner Domes begonnen."

„Och nö", meldete sich der Heinzel zu Wort. „Das ist ja wieder so ein furztrockenes Zeugs, was du uns hier erzählst. Das ist ja zum Einschlafen. Hast du nicht mal 'ne spannende Geschichte oder so was?"

„Ja, ja! Alles zu seiner Zeit. Zuerst kommen noch die Normannen nach Köln. Das war ein beutelustiges Wikingervolk aus Skandinavien. Auf ihren Raubzügen durch Mitteleuropa plünderten sie die Städte und Dörfer, zerstörten sie oder setzen sie in Brand, dass nur noch ein Haufen Asche übrig blieb. Das trieben sie auch in Köln und mit unermesslicher Beute beladen verließen sie die zerstörte Stadt."

„Und dann?", fragten der Heinzel und Emma Elf wie aus einem Mund.

Erzbischof Bruno I. mit Kirche und Lanze, den Zeichen seines Amtes als Erzbischof und Stadtherr.

„Und dann, und dann, und dann", äffte der Teufel die beiden nach. „Und dann hat König Otto I. dafür gesorgt, dass sein Bruder Bruno Erzbischof von Köln wurde. Und dann hat Otto seinem Bruder ein Herzogtum übertragen, zu dem auch Köln gehörte. Und dann war Bruno zugleich Erzbischof und Stadtherr von Köln. Und dann hat Bruno für die Stadt gesorgt. Und dann ging es mit Köln wieder aufwärts. Und dann haben die Erzbischöfe mehr als dreihundert Jahre die Stadt regiert und in dieser Zeit wurde Köln die größte, berühmteste und mächtigste Handelstadt am Rhein. So! Das war's fürs erste."

„Das hat der König Otto aber gut gemacht", sagte Emma. „Übrigens kann man Otto von vorne und von hinten lesen und es bleibt immer Otto. Bruno bleibt aber nicht Bruno, sondern wird zu onurB. Und ich werde zu ammE. Wo ist übrigens der leznieH abgeblieben, lefueT?"

„Weiß ich doch nicht. Frag doch mal den rucreM."

Aber der wusste es auch nicht.

Geheimnisvolle Knochen

„Wo ist der Heinzel?“, fragte der Teufel.

„Da drüben hockt er doch. Hörst du nicht, wie er schnarcht? Du hast ihn mit dem langweiligen Vortrag zum Einschlafen gebracht.“

„Weck ihn auf. Weck ihn sofort auf. Los, weck ihn auf“, schrie der Teufel Mercur an und sprang dabei in der Luft herum. „Sag ihm, es geht um die Knochen. Er wollte doch was Spannendes hören.“

Was soll das?, dachte Mercur. Es kann um Sieg gehen, um Ehre oder um Macht. Aber um Knochen? Versteh ich nicht.

Mercur zerrte am Heinzel herum. Als er endlich die Augen aufschlug, war er ganz verwirrt.

„Los, wir gehen!“, befahl der Teufel in barschem Ton und niemand wagte zu fragen wohin.

„Wir gehen durch den Hauptbahnhof zum Breslauer Platz.“

Im Bahnhof war viel los. Es war Hauptverkehrszeit. Teufel, Heinzel, Mercur und Emma Elf bahnten sich einen Weg durch die Menge. Vorneweg ging Mercur mit seinem Schlangenstab in der Hand. Es sah aus, als wollte er ihn als Schlagwaffe benutzen. Das machte Eindruck und man ging ihm augenblicklich aus dem Weg. Emma und der Heinzel folgten ihm. Zum Schluss ging der Teufel. Er konnte es nicht lassen, etliche Reisende anzurempeln oder ihnen mit seinem Schwanzende eins überzuziehen und auf den Boden zu spucken. Als sie am Ausgang angekommen waren, setzte sich der Teufel an die Spitze und bog nach links ab.

„Los, guckt nach oben!“, kommandierte er. „Sucht einen Kirchturm mit einer Krone auf der Spitze. Das ist die Ursulakirche und darin ist die Goldene Kammer. Da gehen wir hin.“

Als sie vor der Kirche standen, riss der Teufel am Türöffner, zog die Türe auf und trat in die Vorhalle. Die anderen folgten ihm. Niemand sagte ein Wort. Der Teufel wandte sich nach rechts und ging zielstrebig auf eine alte, eiserne Türe zu und wollte sie öffnen. Aber sie war verschlossen.

Die Kirche St. Ursula ist eine der zwölf romanischen Kirchen von Köln. Aber Achtung: ihr Chor ist gotisch und ihr schöner Turmhelm barock!

„Wartet hier“, befahl der Teufel.

Emma entdeckte links neben der Eisentür einen großen Steinsarg, der fest mit einem zentnerschweren Steindeckel verschlossen war.

Die Goldene Kammer von St. Ursula.

Der Heinzel rieb sich die Augen und stöhnte, denn er erinnerte sich an das unangenehme Erlebnis im Sarkophag. Mercur richtete derweil die Flügel an seinen Schuhen. Als er den Steinsarg sah, rief er aus: „Ach, sieh da, ein römischer Sarkophag. Er ist ungeöffnet. Da müssen noch die Knochen und die Grabbeigaben drin sein."

Wie von Geisterhand öffnete sich plötzlich langsam und quietschend die alte Eisentür und gleich dahinter noch eine zweite. Allen stockte der Atem. Dann sprang der Teufel hinter der Tür hervor.

„Kommt rein, aber fix. Ich muss die Tür wieder zumachen", sagte er.

Nun standen sie in der Goldenen Kammer von St. Ursula. Ihre Augen wanderten zu den vielen Köpfen, Büsten und Armen. Sie standen in blauen Nischen an den Wänden. In Glasschränken sahen sie hinter dem matt schimmernden Glas Schädel von Heiligen. Sie waren in kostbare Stoffe gehüllt. Die Wandflächen über den Schränken und Nischen waren bis oben hin mit schönen Mustern bedeckt, die etwas hervorstanden.

„Iiiiiii, das sind ja alles Knochen an den Wänden. Die Muster sind aus Knochen gemacht", schrie der Heinzel plötzlich auf. „Das ist ja hier die reinste Schreckenskammer."

„Halt den Mund" zischte der Teufel ihn an. „Hier schreit man nicht herum."

Beschämt hielt der Heinzel sich beide Hände vor den Mund.

„Hier in den alten Schränken werden heilige Häupter aufbewahrt", flüsterte der Teufel. „Sie sind mit kostbaren Samt- und Seidenstoffen umhüllt."

Plötzlich hielt der Teufel ein heiliges Haupt in der Hand: eine echte Reliquie!

„Willst du mal?“, fragte er und reichte es Emma Elf. Sie nahm es zögernd in beide Hände. Der Stoff war schon etwas zerschlissen.

„Dreh mal um und guck es dir von allen Seiten an“, forderte der Teufel Emma auf. Sie drehte das Haupt in ihren Händen und im Innern entstand ein Geräusch, das wie Geriesel klang.

„Was ist das?“, fragte sie erschrocken.

Mercur und der Heinzel traten näher und horchten.

„Da ist was drin“, stellten sie fest.

„Dem Geräusch nach muss es etwas Hartes sein“, rätselte Mercur.

„Vielleicht Steine?“, vermutete der Heinzel.

„Knochen?“, fragte Emma Elf.

„Zähne“, sagte Mercur. „In einem Haupt sind nur die Zähne hart und können so ein Geräusch machen.“

„Es sind Zähne“, bestätigte der Teufel. „Zähne, Haare, Brustwarzen, Ohren, Schädel, Schädelknochen, Armknochen, Beinknochen, Rippenknochen, Fingerknochen, ja sogar Stofffetzen oder Gegenstände von Heiligen, das alles sind Reliquien – und werden als Überbleibsel von Heiligen verehrt. Im Mittelalter war der Glaube der Menschen an die Kraft der Reliquien unerschütterlich. Sie waren das Zeichen dafür, dass die Heiligen wirklich gelebt hatten. Die Menschen verehrten die Reliquien, berührten sie oder küssten sie sogar, weil sie sich Kraft und Schutz erhofften. Sie glaubten an die Heilung von Krankheiten und an Hilfe in Not und Bedrängnis. Sie glaubten an Wunder. Sie glaubten sogar daran, dass sie vor Dämonen und teuflischen Verführern geschützt würden. Man war sich sicher, dass die Heiligen sich bei Gott für die Menschen einsetzten.“

„Hat das wirklich geholfen?“, frage Emma Elf sehr interessiert.

„Wenn man fest dran glaubt. Man sagt ‚Der Glaube versetzt Berge‘“, entgegnete der Teufel. „Aber wir Teufel haben trotzdem immer genug Menschen gefunden, die sich von uns verführen ließen, die gelogen, gestohlen und betrogen haben. Die Gott nicht geachtet haben und geizig und hochnäsig waren und nur an sich dachten. Sogar in den Kirchen waren wir zugange und konnten die Menschen dazu bewegen, Gottes Gebote nicht einzuhalten.

Im Mittelalter brach geradezu ein Reliquienfieber aus. Die Leute waren verrückt nach Reliquien. Jeder wollte welche haben. Deshalb zerstückelte man die Knochen der Heiligen sogar in viele kleine Teile.

In diesem Reliquienbehälter befinden sich die Überreste der hl. Cordula, einer Begleiterin der hl. Ursula.

In der Goldenen Kammer von St. Ursula sind die Wände mit Gebeinen bedeckt.

Aber bei der heiligen Ursula und ihren 11 000 Begleiterinnen war das nicht nötig."

„Warum nicht?", fragte der Heinzel.

„Weil genug da waren! Eben die Knochen von 11 000 jungen Frauen."

„Was? Das glaubst du doch selbst nicht. Das muss ja ein riesiger Knochenberg gewesen sein."

„Tja, die Nachfrage nach Reliquien von Ursula und ihren Begleiterinnen war groß. Sie waren sehr begehrt, weil die Legende vom Leben und Sterben der jungen Prinzessin Ursula sehr beliebt war. Es waren jedenfalls genug Vorräte vorhanden."

„Hat man die Knochen verkauft?"

„Verkauft, verkauft! Die heiligen Leiber konnte man doch nicht einfach so verkaufen. Sollte man vielleicht in ein Geschäft gehen und sagen, ich hätte gerne einen großen Armknochen, ein Stück vom Schädel und einen Backenzahn von der heiligen Ursula? – Nein, so ging das nicht. Zuerst dachte man sich eine schöne Verpackung für die Reliquien aus. Die Goldschmiede fertigten feine Behältnisse aus Gold und Silber an und schmückten sie mit Edelsteinen. Oder die Bildschnitzer schnitzten einen Kopf aus Holz. Einen Mädchenkopf – ganz so, wie nette Mädchen damals in Köln aussahen. Dann bearbeitete man ihn so, dass man die Schädeldecke auf- und zuklappen konnte und eine Reliquie hineinpasste. In die Brust wurde eine Öffnung gebohrt, damit die Reliquie zu sehen war. Diese Ursulabüsten, wie diese Verpackung genannt wurde, waren bald der Verkaufshit und aus ganz Europa trafen Bestellungen in Köln ein. Aber schließlich hat der Papst diesen Handel verboten."

„Sag mal, Teufel“, begann der Heinzel nachdenklich, „was war eigentlich in Köln passiert? Weshalb sind Ursula und ihre 11 000 Begleiterinnen hier in Köln gestorben?“

„Als Ursula hier war, wurde die Stadt von den Hunnen belagert. Der Hunnenkönig wollte sie heiraten, aber sie wollte nicht. Deshalb sind Ursula und ihre Begleiterinnen grausam ermordet worden. Sie erlitten ein Martyrium und deshalb sind es Märtyrerinnen.“

„Stimmt das? Ist das wahr?“, fragte der Heinzel.

„Glaub was du willst. Die Geschichte ist eine Legende. Tatsache ist nur, dass hier, wo heute die Ursulakirche steht, ein römischer Friedhof war und man sehr viele Knochen von Frauen gefunden hat, und dass sie schon in römischer Zeit gestorben waren. Mehr weiß man nicht.“

„Los jetzt. Raus hier“, kommandierte der Teufel und sie verließen die Goldene Kammer durch die alte Eisentür. Als die drei wieder vor dem großen Steinsarkophag standen, fehlte der Teufel.

„Sagt mal“, begann der Heinzel, „wie hat der Teufel eigentlich eben die Tür aufgemacht. Hat das einer von euch gesehen?“

„Ich hab‘ nichts gesehen. Aber ich glaube, Teufel können durch verschlossene Türen gehen“, antwortete Emma Elf.

„Wir können alles“, sagte der Teufel, der plötzlich neben ihnen auftauchte.

„Was ich noch sagen wollte“, redete der Heinzel unbekümmert weiter, „war interessant, das mal gesehen zu haben!“

Mittelalter

Die Ursulabüste ist ein Behältnis für Reliquien.

Das Grabmal der hl. Ursula

In der Kirche St. Ursula steht an der Nordseite das Grabmal der heiligen Ursula, das man an der Figur aus weißem Marmor erkennen kann. Zu ihren Füßen sitzt eine Taube.

Der Legende nach setzte sie sich dem Bischof Kunibert auf das Haupt, während er eine Messe las. Dann erhob sie sich wieder und flog dreimal um den Altar. In der Seitenhalle der Kirche ließ sie sich auf dem Boden nieder und verschwand dort. Kunibert hatte schon oft nach den Reliquien der hl. Ursula geforscht – immer vergebens. Nun glaubte er, dass die Taube ihm einen Hinweis gegeben hatte, wo sie zu finden waren. Er ließ an der Stelle nachgraben und fand in geringer Tiefe die Reliquien der hl. Ursula. Es soll auch eine Tafel bei den Knochen gelegen haben, auf der Ursulas Name zu lesen war.

Die Legende der heiligen Ursula

Ursula war eine Prinzessin und lebte in Frankreich. Ursula wollte nie heiraten, sondern mit anderen Frauen zusammen in einem Kloster leben. Eines Tages erschienen Boten des Königs von England auf dem Schloss und überbrachten einen Brief. ‚Entweder Hochzeit – oder Krieg', stand darin. Ursula sollte Ätherius, den Prinzen von England, heiraten. Sie war verzweifelt und wusste keinen Rat. In der Nacht, in der sie ihre Antwort überschlafen wollte, erschien ihr ein Engel. Er sagte ihr, dass sie unter drei Bedingungen einwilligen könne: „Erstens müsste Ätherius sich taufen lassen, um Christ zu werden, zweitens solle die Hochzeit erst in drei Jahren stattfinden und drittens solle Ursula in dieser Zeit ein große Reise machen." Die Boten wurden zum König von England geschickt und Ursula wartete ungeduldig auf die Antwort. ‚Ich bin einverstanden', stand in dem Brief, den die Boten endlich nach drei Tagen zurückbrachten.

Nun bereitete Ursula die große Reise vor und lud ihre zehn besten Freundinnen ein mitzufahren. Ursula selbst und jede der Freundinnen nahmen noch tausend Dienerinnen mit. So kam eine Gesellschaft von 11 000 jungen Frauen zusammen. Die Reisegesellschaft machte sich auf und alle hatten großen Spaß. Sie besuchten große Städte und fremde Länder. Eines Tages segelten sie mit ihren Schiffen den Rhein hinauf und kamen nach Köln. Hier erschien Ursula in der Nacht wieder ein Engel und befahl ihr, die Reise nach Rom fortzusetzen. Auf der Rückreise müssten dann alle in Köln den Märtyrertod erleiden. Sie taten, was der Engel gesagt hatte, segelten bis nach Basel, verließen die Schiffe und zogen über die Alpen nach Italien bis nach Rom. Dort ließen sie sich vom Papst, den Kardinälen und Bischöfen taufen.

Ursula kommt mit ihren Gefährtinnen in Köln an. Gemalt von einem kölnischen Maler um 1450/60.

Die Kirche der hl. Ursula

Es hat wohl schon in spätrömischer Zeit eine Ursulakirche an der gleichen Stelle gegeben. Die heutige Kirche wurde um 1130/40 errichtet. Der mächtige Turm mit der runden Haube stammt aus späterer Zeit, genau wie die ‚Goldene Kammer', die im Jahr 1643 entstand. Die Kirche der hl. Ursula zählt zu den zwölf romanischen Kirchen Kölns.

Auf der Rückreise trafen sie in der Stadt Mainz den englischen Prinzen Ätherius. Er hatte schon lange sehnsüchtig auf seine Braut Ursula gewartet. Zuerst wurde er getauft und dann traten sie die Heimreise an. Beide freuten sich auf die Hochzeit. Als sie nach Köln kamen, war die Stadt von den Hunnen belagert. Als der Hunnenkönig Ursula erblickte, war er von ihrer Schönheit und Anmut so begeistert, dass er sie auf der Stelle heiraten wollte. „Niemals! Lieber sterbe ich", gab ihm Ursula zur Antwort. Der Hunnenkönig tobte. Wie konnte Ursula es wagen, seinem Wunsch zu widersprechen! Wütend schoss er einen Pfeil ab, der Ursula durchbohrte und tötete. Auch alle anderen jungen Frauen und Ätherius wurden von den Hunnen umgebracht: erdolcht, erschlagen, von Pfeilen durchbohrt oder geköpft. Niemand überlebte. Die Leichen sollen vor den Mauern der Stadt begraben worden sein. Später wurde dort eine Kirche gebaut. In noch späterer Zeit wurde auf die Spitze des Kirchturms eine Krone zur Erinnerung an die Königstochter Ursula gesetzt.

Ursula und ihre Gefährtinnen werden auf der Rückreise in Köln von den Hunnen ermordet. Gemälde im Wallraf-Richartz-Museum um 1450/60.

Sancta Colonia – Heiliges Köln

Köln war berühmt für die vielen Reliquien, die in den Kirchen in kostbaren Reliquienbehälter aufbewahrt wurden. Deshalb nannte man Köln auch auf lateinisch *Sancta Colonia*, was übersetzt ‚Heiliges Köln' heißt. Die wichtigsten Reliquien sind die Gebeine der Heiligen Drei Könige im Dom. Je mehr Reliquien in einer Stadt beisammen waren, desto bedeutungsvoller und interessanter wurde sie für die Menschen, denn die vielen Heiligen konnten im Himmel Fürsprache bei Gott einlegen. So wurde Köln zu einem wichtigen Wallfahrtsort. Die Pilger kamen von nah und fern, oft Hunderte von Kilometern zu Fuß nach Köln. Hier mussten sie essen, trinken und übernachten. Sie kauften Waren, nahmen Andenken mit und spendeten Geld für die Kirchen und den Dom. Die Reliquien beschützten also nicht nur die Menschen, sondern brachten auch Wohlstand in die Stadt.

Im Kölner Stadtwappen halten die elf Tropfen, Flammen oder Hermelinschwänzchen die Erinnerung an das Leben und Sterben der hl. Ursula wach. Die drei Kronen erinnern an die Heiligen Drei Könige, deren Reliquien im Kölner Dom im Goldenen Schrein ruhen.

Der Kölner Dom

„Ich habe es schon gesagt, als wir mit Mercur in das Praetorium gegangen sind, und ich wiederhole es jetzt: Ich gehe nicht in den Kölner Dom. Ich gehe noch nicht mal am Kölner Dom vorbei. Ich gehe auch nicht mehr über die Domplatte und auch nicht über den Roncalliplatz, nicht vom Rhein her die Treppen hoch zum Dom und auch nicht vom Hauptbahnhof aus. Ich will den Kölner Dom nicht mehr sehen", polterte der Teufel los, als Emma Elf ihn nach dem Dom fragte.

„Warum stellst du dich eigentlich so an. Was hat der Kölner Dom dir denn getan? Schließlich ist er das wichtigste Zeugnis aus dem Mittelalter in Köln. Du hast eine Verpflichtung, uns über dieses einmalige, großartige gotische Bauwerk zu unterrichten und aufzuklären. Zum Teufel noch mal, es betrifft schließlich deine Zeit, der Dom ist zur Hälfte im Mittelalter erbaut worden", erwiderte Mercur erbost.

„Der Dom ist auch ein Weltkulturerbe. Er steht unter besonderem Schutz", fügte Emma Elf hinzu.

Mittelalter

Die Wasserspeier an gotischen Bauwerken dienen dazu, das Regenwasser abzuleiten. Die Steinmetze gaben ihnen die Gestalt von Fabeltieren, Teufeln oder Dämonen.

„Das ist mir in DreiTeufelsNamen völlig egal, wer euch darüber unterrichtet und aufklärt. Ich jedenfalls nicht. Und das Weltkulturerbe ist mir auch schnurz. Ich habe die Nase voll. Diesen Gestalten im und am Dom, diesen Fratzen, Monstern, Drachen, Vampiren, Fabelwesen, diesen Hunden in tausend Gestalten und den verzerrten Menschenköpfen möchte ich nicht mehr begegnen – dieser ganzen Gesellschaft, die angeblich Unheil vom Dom und den Menschen abwehren soll. Das tue ich mir nicht an. Außerdem haben sie mich dafür verantwortlich gemacht, dass es mit dem Dombau nicht weiterging. Dass er fast dreihundert Jahre lang unvollendet herumstand, bis er schließlich fast zu einer Ruine geworden war. Eine Sage haben sie daraus gemacht, in der ich schlecht wegkomme und mich vom Turm aus zu Tode stürze. – Ich bin weg. Einen schönen Tag noch!", zischte der Teufel, spuckte dreimal auf den Boden und eilte mit seinem Hinkebein davon.

Sage vom Dombaumeister Gerhard

Meister Gerhard hatte immer geprahlt, dass er den größten und modernsten Dom bauen könne, mit Türmen, die bis an die Wolken reichen. Maurer, Steinmetze, Bauarbeiter und Zimmerleute arbeiteten fleißig und mit dem Dombau ging es schnell vorwärts. Aber dann wusste Meister Gerhard nicht mehr weiter und die Arbeiten stockten. Seine Pläne stimmten nicht und die Leute spotteten schon über ihn. Er war unruhig, schlecht gelaunt und ungerecht zu den Handwerkern. Als ihn wieder einmal die Sorgen plagten, ging er vor die Tore der Stadt, um nachzudenken. Plötzlich stand ein vornehm gekleideter Herr neben ihm und zeichnete mit seinem Spazierstock Baupläne in den Sand.

Meister Gerhard erkannte, dass es Pläne für den Dom und die Türme waren. „Das ist die Lösung", rief er aufgeregt. Aber der Herr wischte alles mit seinem Stock wieder weg und sagte: „Ich kann dir bei deinem Problem helfen. Nach drei Tagen, wenn am Morgen die Hähne krähen, ist der Dom fertig." – „Angeber! Aufschneider! Das schaffst du nie!", antwortete Meister Gerhard. Schließlich hatte er ja jahrelange Erfahrung. „Wetten, dass ich das schaffe", entgegnete ihm der Fremde. „Meinetwegen", gab ihm Meister Gerhard zur Antwort, „du verlierst die Wette ohnehin." – „Wir wetten um deine Seele und die Seele deiner Frau. Und die Seelen deiner Kinder!", antwortete der Herr.
Meister Gerhard willigte ein und sie schlugen ein. Aber bald dämmerte es ihm, mit wem er es zu tun hatte ...
Am Dom wurde nun Tag und Nacht gearbeitet und auf dem Bau ging es schnell voran. Meister Gerhard aber war nervös, hatte Magendrücken und Kopfschmerzen. In der zweiten Nacht wälzte er sich herum und redete im Schlaf. Seine Frau machte sich Sorgen. „Erzähl' mir, was dich bedrückt, vielleicht kann ich dir helfen", sagte sie am Morgen zu ihrem Mann. Meister Gerhard erzählte ihr alles und sie durchschaute sofort, wer der feine Herr war. „Du hast dich mit dem Teufel eingelassen", sagte sie. „Aber lass mich nur machen. Ich habe schon einen Plan."
Auf der Dombaustelle ging es nun noch schneller voran. Bald war der Dom fertig, es fehlte nicht mehr viel bis zum ersten Hahnenschrei nach

den drei Tagen. Noch bevor der erste Hahn krähte, stand die Frau des Dombaumeisters auf, öffnete das Fenster und schrie laut: „Kikeriki, Kikeriki, Kikeriki!" Es dauerte nicht lange, und alle Hähne der Stadt krähten mit. Sie dachten, der neue Tag sei angebrochen.
Da nun die Hähne gekräht hatten, der Dom aber noch nicht fertig war, hatte der feine Herr seine Wette verloren. Voller Wut darüber sprang der Teufel laut fluchend vom Turm in die Tiefe. Die Seelen von Meister Gerhard, seiner Frau und seinen Kindern aber waren gerettet, doch der Dom blieb unvollendet.

Mittelalter

„Blödmann", sagte Emma Elf.

„Finde ich auch", stimmte der Heinzel ihr zu.

„Unverschämter Schnösel", sagte Mercur.

Sie standen in der Straße Burgmauer und konnten aus diesem Abstand gut die größte Kirchenfassade der Welt sehen.

„Bis zu den Turmspitzen sind es 157 Meter, habe ich mal gehört", sagte Emma.

„Kommt, wir gehen rein und gucken einfach mal", schlug der Heinzel vor.

„Wenn man einfach nur guckt, sieht man nichts, behält nichts und weiß nachher nichts. Ich meine, wir sollten dieses weltberühmte Bauwerk zuerst von innen betrachten und uns dann mit dem Äußeren beschäftigen. Von innen nach außen. Das ist logisch und gibt einen Sinn", entgegnete Mercur.

Der Heinzel blies die Backen auf, machte große Augen und wollte losprusten. Aber dann ließ er ohne einen Ton die Luft ab. Emma legte die Stirn in Falten, schüttelte mit dem Kopf und drehte sich von Mercur weg. Er hat nichts, aber auch gar nichts dazugelernt, dachte sie.

„Zuerst außen und dann innen ist doch auch sinnvoll und logisch", sagte der Heinzel spitz.

„Wir trennen uns!", bestimmte Emma Elf. „Der Heinzel geht außen um den Dom herum und Mercur geht in den Dom hinein. Und dann treffen wir uns hier drüben an der Kreuzblume wieder."

„Und was machst du?", fragte Mercur kleinlaut.

„Ich? ... Ich guck mal, ob ich was erfahren kann. Vielleicht gibt es Fachleute oder Bücher."

Der Kölner Dom vom Rheinufer aus gesehen.

In 999 Heinzelschritten rund um den Dom

„Mal sehen, wie viele Heinzelschritte ich machen muss, um den Dom zu umrunden." Der Heinzel stand auf der windigen Domplatte vor dem Südturm und schaute hoch. Bald wäre ihm die Mütze vom Kopf geflogen. Plötzlich erblickte er in der Mitte der zweiten Etage des Turmes einen Wasserspeier in Form eines Hundes.

Teuflische Wesen am Kölner Dom.

Das hat der Teufel also mit den Hunden in tausend Gestalten gemeint! Jetzt verstehe ich das. Mal sehen, ob ich noch mehr davon entdecke. Er ging weiter zum Roncalliplatz an der Südseite und bis zum Südeingang, der unten an den Treppen mit einem großen Eisengitter verschlossen war.

125 Heinzelschritte, stellte er fest. Schade, dass das Eisengitter die schönen Türen zum Dom versperrt. Er ging weiter.

„Warum ist man als Heinzel nur so klein? Ich kann noch nicht mal über diese Brüstung gucken. Da unten ist doch was los, das will ich sehen."

Er stemmte sich auf die Brüstung und guckte nach unten in einen Hof, in dem riesige Steinblöcke, in Stein gemeißelte Figuren und schön verzierte Säulen lagerten. Ein Mann in Arbeitskleidung lief herum und durch eine Türe konnte er einen Steinmetzen mit einem dicken Klöpfel in der einen und einem Steinmeißel in der anderen Hand bei der Arbeit sehen. Dann bemerkte er das Schild, auf dem ‚Dombauhütte' stand.

Blick in die Dombauhütte. Hier arbeiten etwa sechzig Handwerker: Steinmetze, Bildhauer, Schmiede, Glaser, Zimmerleute und Gerüstbauer.

Am Dom ist immer was zu tun, stellte der Heinzel fest. Er schaute nach oben und entdeckte an den Pfeilern wieder Wasserspeier in Gestalt von Hunden und Ungeheuern. Nach zweihundert Heinzelschritten stand er im Osten, am Chor. Er hatte die Arme auf dem Rücken verschränkt und blickte auf dieses riesige schwarze Steingebirge, an dem im Mittelalter mehr als ein halbes Jahrhundert lang gebaut wurde, bis es endlich fertig war.

„Gotischer Baustil", sagte der Heinzel fachmännisch. „Tausende von kleinen Ziertürmchen. Große, kleine und Winzlinge. Dieses Gewirr aus Strebebögen und Strebepfeilern! Typisch Gotik. Und wieder jede Menge Wasserspeier oben an den Strebepfeilern."

Tausende von kleinen und großen Ziertürmchen sind am Kölner Dom zu finden.

Erst als er weiterging, bemerkte er den kleinen Friedhof, auf dem die Domgeistlichen beerdigt werden. Bis hierhin hatte er 450 Heinzelschritte gebraucht. Dann war er auch schon an der Domschatzkammer, die direkt an der Nordseite des Domes angebaut ist, angelangt.

Nach 950 Schritten erreichte er den Nordturm. Als er am Hauptportal in der Mitte der Westfassade vorbeigegangen war, stand er nach 999 Schritten wieder vor dem Petersportal am Südturm. Durch dieses Portal geht man in das Innere des Kölner Domes und zur Turmbesteigung. „Schade", sagte der Heinzel, „noch einen Schritt mehr und ich hätte den Dom in tausend Heinzelschritten umrundet."

Mit Mercur im Kölner Dom

Ich wäre besser draußen geblieben, dachte Mercur, als er durch die Glastür des Peterportals ins Innere getreten war und in der Vorhalle stand. Ich war noch nie in einem christlichen Gotteshaus. Ich kenne nur römische Tempel.

Aber wie von unsichtbaren Kräften gezogen, machte er etliche Schritte vorwärts und blickte in das Mittelschiff des Domes. Großartig! Überwältigend! Grandios! Er durchblickte die hundertfünfzig Meter des Langhauses bis in den Chor und mehr als vierzig Meter nach oben in die gewölbten Decken. Er blickte zu den Fenstern. Wie groß die sind! Und wie viel Licht durch das farbige Glas fällt! So große Fenster, so riesengroße, bunte Glasfenster, so viel

Blick nach Osten in den Kölner Dom.

Licht und so einen hohen Raum habe ich noch nie gesehen. Wie im Himmel sieht es hier aus. Das ist ja eindrucksvoller als jeder römische Tempel! Mercur stand mit offenen Mund da und staunte.

Langsam kam eine Gruppe Japaner näher. Sie kicherten und richteten ihre Kameras auf ihn. Mercur mochte das nicht. Er verließ seinen Standort und wanderte in das Seitenschiff an der Nordseite. Aber die Japaner folgten ihm. Plötzlich zeigte einer aus der Gruppe auf die Schuhe von Mercur und lachte. Die anderen amüsierten sich, als sie die Flügel an den Schuhen entdeckten. So etwas hatte Mercur noch nie erlebt. Er war verärgert und überlegte, wie er sich aus dieser misslichen Lage befreien könnte. Da erhob er sich auch schon in die Lüfte und schwebte quer durch das Mittelschiff auf die gegenüberliegende Seite. Er landete in dem kleinen Geschoss zwischen den zwanzig Meter hohen, in der Mitte zugespitzten Bögen des Erdgeschosses und den Glasfenstern. Er sprang von der Brüstung hinunter in einen schmalen dunklen Gang. Dann kroch er zu einer Säule. In deren Schutz riskierte er einen Blick in die Tiefe. Dort sah er die Japaner. Sie zeigten nach oben, hielten ihre Kameras in die Luft und redeten wild durcheinander. Auch andere Leute blieben stehen und schauten nach oben. Aber sie konnten nichts Besonderes erkennen und die japanische Sprache verstanden sie auch nicht. Also dachten sie, die Japaner redeten über die Fenster mit dem Maßwerk, den Dekorationen aus Stein, und gin-

Blick vom Laufgang in etwa zwanzig Metern Höhe in den Dom.

gen bald weiter. Manche drehten sich noch ein paar Mal um. Aber die Japaner waren schon Richtung Ausgang weitergegangen.

Als Mercur sicher war, dass ihn niemand mehr mit Blicken verfolgte, trat er hinter der schlanken Säule hervor. Er stellte fest, dass er auf diesem Gang des Triforiums in über zwanzig Metern Höhe rings um den Dom gehen konnte. Als er um das Querhaus und den Chor herumgegangen und auf der anderen Seite bei der Orgel angelangt war, ließ er sich in einem günstigen Augenblick wieder zur Erde gleiten.

Mittelalter

Dann ging er an der Nordseite entlang bis zum Querschiff. Dort bemerkte er unzählige flackernde Kerzenlichter. Sie waren vor einer Madonna aufgestellt, deren Stoffkleid über und über mit Schmuckstücken besteckt war: Ketten, Anhänger, Ringe, Anstecknadeln und Armbänder. Sogar Uhren waren daran befestigt. Das kommt mir bekannt vor, dachte Mercur. Das sind bestimmt Dankesgaben für Wünsche, die in Erfüllung gegangen sind. Dann betrat er den Chor und blickte auf den Mosaikfußboden. Hier war in einem großen Bildfeld der Erzbischof Hildebold mit dem Alten Dom dargestellt.

Das Gero-Kreuz in der Kapelle des Heiligen Kreuzes im Dom.

Als er nach links schaute, sah er viele Besucher in der Kreuzkapelle in den Bänken knien. Neugierig ging er hin und sah das große goldene Kreuz, das die Besucher betrachteten.

„Entschuldigung", sagte er zu einem Herrn im schwarzen Anzug. „Können Sie mir etwas zu diesem Kreuz sagen?"

„Das ist das Gero-Kreuz", begann der. „Es ist das älteste bekannte Bildwerk, auf dem Jesus lebensgroß mit geschlossenen Augen, das heißt im Moment seines Todes, dargestellt ist."

„Jesus sieht wie ein richtiger Mensch aus", bemerkte Mercur. „Ist es alt?", fragte er. „Tausend Jahre", flüsterte der Herr.

Mercur bedankte sich und ging bedächtig an den drei nördlichen Kapellen im Chor vorüber, bis er die mittlere des Kapellenkranzes erreicht hatte. Dort stand eine Besuchergruppe beisammen.

links: An der Gestaltung des Grabmals, in dem die Gebeine Konrad von Hochstadens ruhen, kann man erkennen, dass zu seiner Zeit mit dem Dombau begonnen wurde.

rechts: Erzbischof Konrad von Hochstaden mit dem Plan des Kölner Domes auf dem Mosaikfußboden in der Mitte des Chorumgangs. Er legte den Grundstein für den gotischen Dom.

„Bitte treten sie etwas auseinander. Sie verdecken den Erzbischof Konrad von Hochstaden, der den ersten Stein zum gotischen Kölner Dom gelegt hat", sagte der Führer. Die Leute bildeten einen großen Kreis und nun konnte man auf dem Mosaikfußboden sehen, dass Konrad den Plan des Kölner Domes in Händen hielt.

„Dort drüben", redete der Führer sofort weiter, „in der Johanneskapelle befindet sich sein Grabmal und hinter dem Vorhang der Plan des Kölner Domes. Die mittlere der sieben Kapellen ist die Dreikönigenkapelle. In dieser Kapelle befinden sich die ältesten Glasfenster des gotischen Domes, aus der Zeit um 1260/61. In der Mitte sehen sie auf der rechten Seite Szenen aus dem Leben Jesu – also aus dem Neuen Testament – und auf der linken Seite Geschichten aus dem Alten Testament.

In der Dreikönigenkapelle stand im Mittelalter der kostbare Dreikönigenschrein, bis er aus Sicherheitsgründen in den Chorraum verbracht wurde. Bei einem Erdbeben löste sich ein kleines Ziertürmchen außen am Chor und schlug durch das Dach der Kapelle. Das Türmchen krachte keinen Meter weit neben dem Dreikönigenschrein auf den Fußboden. Dort oben im Gewölbe erinnert eine lateinische Inschrift an diesen Vorfall." Alle reckten die Köpfe nach oben, um die goldene Inschrift zu lesen, aber der Führer redete gleich weiter: „Natürlich wurde für dieses Unglück der Teufel verantwortlich gemacht. Man erzählte sich, dass er aus lauter Wut und verletzter Eitelkeit über den Dombau Rache geübt habe. Flink wie eine Katze soll er außen auf den Strebepfeilern und Strebebögen herumgeklettert sein, bis er genau an der Stelle war, unter der der Dreikönigenschrein stand. Dann riss er wütend und mit ungeheurer Kraft an einem Türmchen und warf es durch das Dach der Kapelle. Schnell schickte Gott zwei Engel, die im letzten Moment die Flugbahn des Steinbrockens änderten. So blieb der Schrein unversehrt. Zur Vorsicht stellte man ihn aber in den Chorraum gegenüber ..."

Mercur hatte keine Lust mehr, den heruntergeleierten Erklärungen des Führers zuzuhören und ging auf das Gitter zum inneren Chorbereich zu. Dort hatte er einen Blick auf die Rückseite des Dreikönigenschreins.

„Das ist er nun ...", flüsterte er zu sich so leise, dass es wirklich niemand hören konnte. „Das ist der einzigartige, größte, kostbarste und bedeutendste Schrein der ganzen Welt. Darin werden die Reliquien der Heiligen Drei Könige aufbewahrt. Das hat Emma gesagt. Die Form des Schreins erinnert an eine Kirche – oder an drei übereinandergestellte Särge mit spitzem Dach. Ob er aus purem Gold ist?, grübelte Mercur. Er wechselte seinen Standort, um die lange Seite des Schreins zu sehen.

Ich wette, Emma kann mir auch nicht sagen, wie viele Edelsteine den Schrein schmücken. Es müssen unglaublich viele sein.

Die vielen Kerzen vor dem Eisengitter flackerten. Mercur ging langsam weiter und blieb in der Marienkapelle vor einem großen Flügelaltar stehen, auf dem in der Mitte Maria mit dem Jesuskind auf der

‚Der Altar der Stadtpatrone' wurde von Stefan Lochner um 1445 für die Ratskapelle, die beim Rathaus stand, gemalt.

Im Chor des Kölner Doms ist der Dreikönigenschrein aufgestellt.

Thronbank sitzt. Die Drei Heiligen Könige sind gekommen, um das Kind anzubeten und ihm ihre Geschenke zu bringen. Auf dem rechten Flügel ist der hl. Gereon mit seinen Soldaten dargestellt und auf der linken die hl. Ursula mit ihren Begleiterinnen. Wie fein das alles gemalt ist, dachte er. Es ist gemalt, aber es wirkt, als wäre es echt. Ich möchte wissen, wer so etwas kann. Mercur war sehr in die Betrachtung des Altarbildes versunken, als er von einem großen Mann in einem roten, langen Mantel angesprochen wurde. Es war der ‚Domschweizer', der die Aufsicht im Kölner Dom führt.

„Bitte weitergehen", sagte er. „Der Chor wird geschlossen. Umhergehen verboten! Mittagsgebet!"

„Wer hat dieses Bild gemalt?", fragte Mercur den Domschweizer.

„Stefan Lochner", antwortete der brummig.

Wie die anderen Besucher verließ auch Mercur den Chor und ging zum Ausgang. Er wunderte sich, denn er wusste ja nicht, was ein Mittagsgebet ist.

Als Mercur aus der Türe des Nordturmes trat, wirbelte eine rote Mütze an ihm vorüber. „Das ist die Heinzelmütze! Halt, Halt!", schrie er. Aber die Mütze hörte natürlich nicht. Der Wind blies sturmartig von Norden, so dass die Mütze weiter rollte und kullerte. „Na warte", sagte Mercur, hob mit seinen Flügelschuhen vom Boden ab und im Nu hatte er die Mütze in der Hand. Da kam auch schon der Heinzel angerannt. Außer Atem schimpfte und fluchte er über den Wind auf der Domplatte.

Die Maße des Kölner Domes

Gesamtlänge außen:	144,58 Meter
Gesamtbreite des Querschiffs:	86,25 Meter
Höhe des Nordturms:	157,38 Meter
Höhe des Südturms:	157,31 Meter
Innenhöhe des Mittelschiffs:	43,35 Meter
Innenhöhe der Seitenschiffe:	19,80 Meter
Fensterflächen:	etwa 10 000 Quadratmeter
Höhe der Aussichtsplattform:	97,25 Meter
Anzahl der Stufen im Turm:	509
Glocken:	Pretiosa, Speciosa, Dreikönigenglocke, Petersglocke

Die Petersglocke, genannt ‚d'r decke Pitter', ist die größte schwingende Glocke der Welt.

Emma stand etwas gelangweilt an der Kreuzblume und wippte mit dem Fuß.

„Haste was rausgefunden?“, fragte der Heinzel.

„Viel“, antwortete Emma Elf knapp und wippte weiter.

„Was denn?“, wollte Mercur wissen.

„Ihr könnt mich ja fragen.“

„In welchem Jahr wurde mit dem Bau des Kölner Domes begonnen?“, fragte Mercur.

„Merke dir die Zahl eins, merke dir das Doppelte dazu, merke dir wieder das Doppelte dazu und nochmals das Doppelte. Das ist die Jahreszahl.“

„1248“, schrie der Heinzel, denn er war ein guter Merker und fixer Rechner.

„Wer hat sich die Pläne für den Dom ausgedacht?“, wollte der Heinzel jetzt wissen.

„Wenn du nicht so eine nette Schlafmütze wärst, wüsstest du das. Das hatten wir nämlich schon. Es war der Dombaumeister Gerhard“, antwortete Emma Elf.

Der Heinzel schlug sich vor die Stirn. „Stimmt!“, sagte er.

„Nach wie vielen Jahren war der Kölner Dom fertig?“, fragte Mercur.

„Genau nach 632 Jahren und zwei Monaten.“

„Wie bitte? Habe ich richtig gehört? 632 Jahre haben die am Kölner Dom gebaut?“, wollte Mercur wissen.

„Nein“, sagte Emma. Das habe ich nicht gesagt. Ich habe gesagt, er war nach 632 Jahren fertig.“

„Das ist doch dasselbe“, mischte sich der Heinzel ein.

„Ist es nicht“, beharrte Emma Elf. „Sie haben nämlich eine lange Pause von etwa dreihundert Jahren gemacht und in dieser langen Zeit wurde der Dom fast zur Ruine.“

„Ich habe mal kurz gerechnet“, meldete sich Mercur, „1248 plus 632 Jahre macht 1881. Da war er fertig.“

„Falsch!“, schrie der Heinzel. „1880. Er ist im Jahr 1880 fertig geworden.“

„Genau“, bestätigte Emma Elf.

„Ich will noch wissen, wie viele Edelsteine am Dreikönigenschrein verarbeitet sind.“

Der Dreikönigenschrein hinter dem mittelalterlichen Altar im Chor des Kölner Domes.

„Das ist die letzte Frage, die ich beantworte. Ich habe nämlich was gesehen“, sagte Emma. „Etwa tausend Edelsteine. Und ich habe den Schwanz vom Teufel gesehen.“

„Wo?“, riefen Heinzel und Mercur wie aus einem Mund und drehten den Kopf.

„Da, am Wallrafplatz. Am Gebäude des WDR. Kommt, wir gehen hin“, antwortete Emma und war schon auf dem Weg.

„Wir wissen alles über den Kölner Dom“, prahlte der Heinzel beim Teufel.

„Na prima“, sagte der.

„Aber eigentlich möchte ich dich doch mal fragen, wieso diese Rel...Reli... diese Reliquien hier in Köln sind“, fragte Mercur nach. „Diese Drei Könige waren doch nie in Köln. Sie haben auch das Jesuskind nicht in Köln besucht. Das war woanders. Das war doch in Be...“ – „Betlehem“, half Emma ihm aus der Patsche. Der Teufel war richtig freundlich und nett, so als hätte er die drei vermisst und würde sich freuen, sie wiederzusehen.

„Ich erzähle euch schnell, wie das gewesen ist und wieso diese einzigartigen Re...Rel...Reli...Reliquien in Köln sind. Also ...“

Wie die Reliquien der Heiligen Drei Könige nach Köln kamen

Im Jahr 1163 belagerte Kaiser Friedrich I. Barbarossa mit seinen Truppen die italienische Stadt Mailand. Nach einer langen Belagerungszeit hatten die Mailänder keine Wahl mehr: entweder sich kampflos ergeben oder verhungern. Also öffneten sie ihre Stadttore und ergaben sich. Der Kaiser und seine Truppen zogen in die Stadt ein und plünderten sie. Von nun an war Kaiser Barbarossa der Herr der Stadt. Er nahm sich, was ihm gefiel und was er gebrauchen konnte – auch die Reliquien der Heiligen Drei Könige. Er schenkte sie seinem Kanzler Reinald von Dassel als Dank für dessen treue Dienste bei der Belagerung und Eroberung

von Mailand. Reinald war zugleich auch Erzbischof von Köln und deshalb brachte er die kostbaren Reliquien in seine Stadt.
Im Sommer des Jahres 1164 läuteten in Köln alle Glocken und die Menschen freuten sich. Sie jubelten, als Reinalds Schiff mit den kostbaren Gebeinen am Rheinufer festmachte. Der Weg führte durch die Stadt in den Kölner Dom. Aber nicht in den gotischen Dom, der heute noch steht, sondern in den Alten Dom, den Hildeboldom.
Von jener Zeit an wurde Köln berühmt. Aus ganz Europa, aus England, Irland, Frankreich, Spanien und Italien strömten die gläubigen Christen nach Köln zu den Reliquien der Heiligen Drei Könige, die mittlerweile in dem goldenen Schrein lagen, den Nikolaus von Verdun und seine Gesellen geschaffen hatten. Und so wurde Köln eine berühmte, große, reiche und mächtige Stadt.

Mittelalter

„Das hast du aber schön erzählt", lobte Mercur den Teufel. Der wurde ganz verlegen und sogar etwas rot in seiner Teufelsfratze. Auch Emma Elf lobte den Teufel.

„Guck dir den Heinzel an, der hat mal wieder die Augen zu", stellte der Teufel fest. „Immer wenn ich was zu sagen habe, passiert ihm das."

„Nimm es doch nicht so persönlich", sagte Emma. „Der ist halt so."

Die ‚Hacht', das erzbischöfliche Gefängnis, wurde 1893 abgerissen.

In diesem Moment wachte der Heinzel auf, rieb sich die Augen, gähnte und war danach ganz frisch. Er wandte sich an den Teufel und sagte: „Was ich dich die ganze Zeit noch fragen wollten: Du hast etwas von einem ‚Blauen Stein' gesagt, an den die Verurteilten gestoßen wurden. Kannst du das mal genauer erzählen?"

„An der Südseite des Domes stand die ‚Hacht'. Das war das erzbischöfliche Gefängnis, in dem die Angeklagten verwahrt und verhört wurden. In der Mitte des Domhofs stand der sagenumwobene ‚Blaue Stein', der bei der Vollstreckung von Todesstrafen eine besondere Rolle spielte. Bevor ein Verurteilter

An die Straf- und Spottkrone wurden Übeltäter gefesselt und zur Schau gestellt.

zur Richtstätte gebracht wurde, stieß der Henker ihn dreimal an diesen blau-schwarzen Basaltblock und sprach dabei: ‚Wir stüssen dich an den blauen Stein, du küss ze dinger Vader un Moder nit mie heim!‘ Wenn der Henker diese Zeremonie unterließ, war das Urteil auch nicht rechtmäßig vollstreckt.“

„Mmm“, murmelte Emma, „das waren aber merkwürdige Sitten!“

„Na ja“, antwortete der Teufel, „zu meiner Zeit wurde eben unter ‚freiem Himmel‘ bestraft. Bei uns wurden die Verurteilten an einen Pranger am Alter Markt, am Heumarkt oder Am Hof gebunden und dem öffentlichen Spott preisgegeben. Es gab auch einen Käfig, den Kax, in dem die Verurteilten zur Schau gestellt wurden.“

„Das ist interessant“, bemerkte der Heinzel „und was machen wir jetzt?“

Sieben und einen halben Kilometer – die mittelalterliche Stadtmauer

„Wir müssen jetzt etwa sieben und einen halben Kilometer zu Fuß gehen“, eröffnete ihnen der Teufel.

„Warum?“, erkundigte sich der Heinzel sofort und auch die anderen machten fragende Gesichter.

„Weil wir an der mittelalterlichen Stadtmauer entlanggehen.“

„Es gibt doch gar keine Stadtmauer mehr in Köln. Es gibt doch nur noch Reste, und zwar neun Stück“, empörte sich Emma Elf.

„Eben“, sagte der Teufel. „Und die sehen wir uns an und deshalb müssen wir so viel laufen.“

„Mach‘ ich nicht!“, motzte der Heinzel sofort. „Interessiert mich nicht!“

„Also ich ... ich könnte ja fliegen. Ich hab Flügel an meinen Schuhen“, sagte Mercur. „Mich interessiert das schon.“

„Das ist schon heftig, mehr als sieben Kilometer zu Fuß gehen, das dauert!“, äußerte sich Emma Elf, legte die Stirn in Falten, stützte ihr Kinn in die Hand und überlegte.

„Los! Abmarsch!“, befahl der Teufel. Aber niemand folgte ihm. Langsam lief sein Gesicht vor Wut rot an.

Die Reste der mittelalterlichen Stadtmauer von Süden nach Norden

- Bayenturm an der Rheinuferstraße
- Bottmühle am Severinswall
- Severinstor am Chlodwigplatz
- Ulrepforte zwischen Karolingerring und Sachsenring
- Stadtmauer zwischen zwei Wachtürmen am Sachsenring
- Hahnentor am Rudolfplatz
- Windmühlenturm und Mauerstück am Hansaring
- Eigelsteintor am Ebertplatz
- Weckschnapptürmchen an der Rheinuferstraße

Mittelalter

Der Rest der Stadtmauer mit zwei Wachtürmen am Sachsenring.

„Wartet hier", sagte Emma plötzlich. „Ich hab 'ne Idee."
Die Stimmung unter den dreien war nicht gut. „Wie lange sollen wir hier noch warten. Unverschämtheit von Emma, einfach wegzugehen", sagte der Teufel, dessen gute Laune längst verflogen war.

Wie aus dem Nichts fuhr plötzlich Emma auf einem Fahrrad vor ihnen vor, stieg ab und sagte: „Bitte sehr. Wir müssen nicht mehr zu Fuß gehen. Wir radeln. Wie findet ihr die Idee?"

Dem Teufel fielen die Augen aus dem Kopf. Ein Fahrrad hatte er noch nie gesehen. Er trat näher und beguckte es neugierig.

„Halt mal fest", sagte Emma zum Teufel. „Ich komm gleich wieder."

Der Teufel hatte nun das Fahrrad und wusste nicht, was er machen sollte.

„Du musst dich da drauf setzen und mit den Füßen treten", erklärte der Heinzel, der das Rad gut festhielt. Der Teufel machte alles, was der Heinzel ihm sagte und hatte Spaß dabei. Er radelte ein ganzes Stück vorwärts, so dass der Heinzel nebenher laufen musste. Plötzlich schrie er auf, torkelte und schlingerte – und stürzte schließlich mit dem Rad zu Boden.

„Mein Schwanz, aua, mein Schwanz, aua, aua! HerrGottSakrament!"

„Was ist los!", fragte der Heinzel den fluchenden Teufel.

Erst jetzt sah er, dass der Teufel mit dem Schwanz in die Speichen geraten war.

Mercur stand in einiger Entfernung, schüttelte mit dem Kopf und sagte immerzu: „Nein, nein, nein. Ich fahre nicht mit dem Fahrrad. Das mache ich nicht. Das kenne ich nicht, das ist mir ungeheuerlich, das ist mir viel zu gefährlich."

„Jetzt kann's losgehen!", rief Emma fröhlich. Sie kam auf einem anderen Fahrrad mit einem großen Anhänger vorgefahren und hatte natürlich nicht mitbekommen, was passiert war.

„Woher hast du die Räder?", wollte der Heinzel wissen.

„Von Willi", sagte Emma.

„... aber vier Personen und zwei Fahrräder – wie soll das gehen?", fragte der Heinzel.

Nach etlichen Diskussionen über die verschiedenen Möglichkeiten waren sie sich einig. Emma Elf fuhr auf dem Fahrrad mit dem Anhänger. In dem Anhänger saßen Mercur und der Teufel. Der Heinzel nahm das andere Fahrrad. Dann ging es in Richtung Rheinufer davon.

„Falls wir uns verlieren sollten, treffen wir uns am Bayenturm", schrie Emma Elf dem Heinzel zu.

Sie radelten am Rheinufer entlang und sahen von weitem die Kirche Groß St. Martin und den Ratsturm. Weiter ging es am Schokola-

Die Kölner Bürger erstürmen 1262 den Bayenturm.

denmuseum und am Sportmuseum vorbei. Als Emma nach hinten guckte, sah sie, dass der Teufel und Mercur sich am Anhänger festklammerten und ihnen der Angstschweiß auf der Stirn stand. Emma war froh, als sie den Bayenturm vor sich sah. Fast wäre sie vorübergeradelt, doch sie stieg in die Bremsen, dass die Reifen quietschten. Mercur und der Teufel wären bald kopfüber aus dem Anhänger gefallen, doch dann hielt das Fahrrad vor der Treppe, die zum Bayenturm hinaufführt. Beinahe wäre der Heinzel auf den Anhänger aufgefahren. Mercur und der Teufel hingen völlig teilnahmslos im Anhänger.

„Mir ist schlecht", jammerte der Teufel, „mir ist so fürchterlich schlecht. Ich glaube, ich muss kotzen."

„Komm erst mal da raus und setzt dich hier auf die Stufen", sagte Emma fürsorglich und stützte den Teufel, als er aus dem Wagen kletterte. Dann hielt sie ihm die Hand und strich ihm über den Teufelskopf.

Auch Mercur war mitgenommen. „Soll ich dir helfen?", fragte der Heinzel ihn. „Nein, lass nur. Es geht schon", antwortete Mercur, richtete sich langsam auf und setzte sich neben den Teufel.

„Teufelszeug ist das. So ein Fahrrad ist ein Teufelszeug, ein Höllengefährt ist das", schimpfte der Teufel plötzlich los und wischte sich den Schweiß von der Stirn und hielt sich die Hand vor den Mund. „Ich fahre nie mehr Fahrrad."

Mittelalter

Der Bayenturm ist seit 1993 der *FrauenMedia-Turm*. In seinen Räumen ist das *Feministische Archiv und Dokumentationszentrum* untergebracht. Hier wird alles gesammelt und gesichtet, was mit der Geschichte der Frauen zu tun hat.

Der Bayenturm

Der Bayenturm ist der südlichste Turm der Stadtbefestigung. 1262, also vor etwa 750 Jahren, wurde um den Bayenturm gekämpft. Der Erzbischof und Stadtherr von Köln, Engelbert von Falkenburg, wollte seine Macht zeigen und besetzte mit seinen Truppen den Turm und hisste seine Fahne. Die Kölner Bürger ließen sich das nicht gefallen, trommelten alle zusammen und kämpften mit Spießen, Speeren, Armbrüsten und Schwertern so lange, bis sie die Truppen des Erzbischofs vertrieben hatten. Dann rissen sie die Fahne herunter. Die Kölner Bürger waren die Sieger und der Bayenturm wurde für die Kölner zum Zeichen ihrer Freiheit.

Die Ulrepforte.

„Was machen wir jetzt?", flüsterte der Heinzel Emma ins Ohr.

„Die müssen sich erst mal von dem Schrecken erholen. Am besten lassen wir sie mal allein, sonst schämen sie sich nachher noch zu Tode. Später können wir uns dann irgendwo treffen", antwortete Emma.

So wurde es gemacht. Sie verabredeten sich am Zeughaus und Emma und der Heinzel radelten los. Über den Ubierring fuhren sie an der Bottmühle, dem Turm einer früheren Windmühle, vorbei in Richtung Chlodwigplatz. Dort sahen sie im Vorüberfahren das Severinstor und weiter ging's zur Ulrepforte.

„Das war mal ein kleines Stadttor, und später eine Windmühle", rief der Heinzel Emma zu.

„Hier treffen sich immer die Karnevalsjecken von den Roten Funken", erwiderte Emma Elf.

Aber durch den Autolärm konnten sich beide nicht gut verstehen. Als sie über die Kreuzung radelten, schrie Emma: „Zwischen den beiden Wachtürmen gibt's noch ein Stück Stadtmauer. Da muss ein Denkmal eingemauert sein."

„Weiß ich", brüllte der Heinzel zurück. „Das kenn ich. Es ist das Denkmal an der Ulrepforte. Da kam es im Mittelalter zu einer fürchterlichen Schlacht."

„Komm, wir gucken mal", rief Emma Elf.

Als sie vor dem Denkmal standen, fragte Emma: „Was war da eigentlich los? Was ist da passiert?"

„Im Jahre 1268 wollten die Verbündeten und Freunde des Erzbischofs Engelbert von Falkenburg seine Macht wieder herstellen. In der Nacht gelang es einer Vorhut, durch ein großes Loch unter der Stadtmauer in die Stadt einzudringen. Sie öffneten das nächste Stadttor und fünftausend Bewaffnete samt Pferden drängten in die Stadt. Aber die Kölner konnten die Angreifer zurückschlagen. Es gab viele Tote und Verwundete. Etliche Angreifer wurden gefangen genommen. Andere konnten fliehen. Die Kölner Bürger waren so stolz auf diesen Sieg, dass sie hundert Jahre später dieses Denkmal in die Stadtmauer einmauern ließen. Und zwar genau an der Stelle, an der der Überfall stattfand. Und dann erzählten sie noch eine Sage dazu."

„Aber Heinzel, woher weißt du das alles?“, staunte Emma Elf.

„Ach, so etwas weiß man eben“, sagte der Heinzel verlegen.

„Dann stehen wir also jetzt genau an der Stelle, wo damals der Kampf tobte?“

„So ist es“, sagte der Heinzel „und deshalb hat man dieses Stück Stadtmauer auch erhalten.“ – Übrigens: Das Loch unter der Stadtmauer wurde vor etlichen Jahren wieder entdeckt. Es war allerdings nur so groß, dass Menschen hindurchkriechen konnten. Vielleicht sind einige Angreifer durch das Loch unerkannt in die Stadt eingedrungen. Dann haben sie ein nahe gelegenes Stadttor geöffnet, durch das die Reiter auf Pferden in die Stadt gelangen konnten.

Die Sage vom Schuster Havenith

In der Nähe der Ulrepforte lebte der arme Schuster Havenith. Seine elende Hütte hatte er direkt an die Stadtmauer gebaut. Eines Tages kamen zwei Männer auf prächtigen Pferden zu ihm und schlugen ihm ein Geschäft vor. „Wenn du in deiner Hütte ein Loch unter der Stadtmauer gräbst, das so groß ist, dass selbst Pferde hindurchpassen, bekommst du zum Lohn einen Beutel mit Goldmünzen.“ Havenith zögerte nicht lange und willigte ein. Zum vereinbarten Termin war das Loch fertig. In der Nacht vor dem Fest des hl. Gereon, am 15. Oktober, zogen die schwer bewaffneten Angreifer auf und drangen durch das Loch in die Stadt ein. In einem mörderischen Kampf gelang es den Kölnern, die Angreifer zurückzuschlagen, sie zu töten, gefangen zu nehmen oder zu verjagen.

Das Denkmal an der Ulrepforte. Bei der Schlacht wurden die Angreifer getötet, verletzt, gefangen genommen oder flohen aus der Stadt.

Die mittelalterliche Stadtmauer

Vor mehr als achthundert Jahren begannen die Kölner Bürger, ihre Stadt zu vergrößern. Sie bauten eine gewaltige Mauer, die etwa 7,5 Kilometer lang und bis zu 3,50 Meter breit war, um ihre Stadt, mit fünfzig Wachtürmen und zwölf großen Stadttoren. Nach etwa siebzig Jahren war sie fertig. Hinter den dicken Mauern fühlten sic die Bürger sicher, denn sie schützte vor Angriffen und Überfällen und machte die Stadt uneinnehmbar. Nachts wurden die Tore verschlossen. Es war die Aufgabe der Bürger, Wache auf der Stadtmauer zu halten und sie im Notfall zu verteidigen. Deshalb musste jeder Bürger eine Rüstung und eine Waffe besitzen.

Die beiden mussten noch ein ganzes Stück radeln, ehe sie am Hahnentor beim Rudolfplatz ankamen.

„Wenn man durch das Hahnentor fährt, kommt man auf die Aachener Straße“, brüllte der Heinzel. „In meiner Zeit ist da etwas Besonderes passiert. Aber davon erzähle ich später.“

Die nächste Station war der Windmühlenturm und ein Stück Stadtmauer am Hansaring. Jetzt dauerte es nicht mehr lange und sie waren am Eigelsteintor im Norden der Stadt angelangt.

„Ich kann nicht mehr“, stöhnte der Heinzel. „Mein Popo tut weh. Und meine Beine tun auch weh. Ich bin noch nie so lange Fahrrad gefahren!“

„Komm, wir steigen ab und gucken mal“, sagte Emma Elf.

Sie gingen um das Eigelsteintor herum und entdeckten eine Steinfigur, die in einer Nische stand.

Das Eigelsteintor im Jahr 1878. Durch das Tor blickt man in die Stadt.

Der ‚Kölsche Boor‘ (Kölner Bauer) am Eigelsteintor.

„Der ‚Kölsche Boor‘“, rief der Heinzel. „Der hat die Schlüssel zu den Kölner Stadttoren am Arm hängen. Sie sind das Zeichen für die Freiheit und Unabhängigkeit der Stadt.“

„Jetzt haben wir alle Reste gesehen. Ich kann nicht mehr. Es ist genug!“, quengelte der Heinzel.

Aber Emma war unerbittlich: „Wir haben erst acht Reste gesehen, es sind aber neun.“

„Neinnnnnnn“, jaulte der Heinzel. „Ich will nicht mehr.“

„Und wenn ich dir beim allerallerallerletzten Rest eine spannende Geschichte erzähle?“

„Meinetwegen“, stöhnte der Heinzel und setzte sich aufs Fahrrad. Zum Weckschnappturm an der Rheinuferstraße war es nicht mehr weit.

Die Sage von der Weckschnapp

Eine Mutter hatte einen Sohn und der war ein Dieb. Darüber war die Mutter verzweifelt. Aber der Sohn wollte auf ihre Ermahnungen nicht hören und eines Tages zeigte die Mutter ih-n eigenen Sohn an, um ihm eine Lehre zu verpassen. So wurde er verhaf-t und in die Weckschnapp geworfen.

er kleine Turm stand am Rheinufer und wer einmal darin gefangen war, m lebendig nicht wieder heraus. Entweder verhungerte man oder starb nen grausigen Tod. Oben im Gewölbe des Turmes hing ein ‚Weck‘ oder n Milchbrötchen. Wenn der Gefangene es vor Hunger nicht mehr aus-elt, sprang er in die Höhe, um den Weck zu greifen. Wenn er dann wieder n Boden berührte, öffnete sich eine Falltür und er stürzte in einen hacht, der mit scharfen Schwertklingen gespickt war. Im Fall wurde der efangene durch die Schwertklingen zerstückelt und die Leichenteile fielen einen Kanal, der in den Rhein mündete.

as wusste der Sohn und wollte lieber verhungern als zerstückelt werden. Doch er hielt es vor unger nicht mehr aus, sprang nach dem Weck und stürzte in den Schacht hinab. Aber wie durch 1 Wunder fiel er lebendig in den Fluss. Die scharfen Schwertklingen hatten ihm nichts angetan. konnte sich ans Ufer retten, fand bei fremden Menschen Aufnahme und änderte sein Leben.

e Mutter war verzweifelt und bereute, was sie ihrem Sohn angetan hatte. Eines Tages klopfte es ihrer Tür: Vor ihr stand ihr Sohn, der sich mit ihr aussöhnen wollte.

„Was ich noch sagen wollte", begann der Heinzel „war interessant, das mal gesehen zu haben."

Ein Besuch im Zeughaus

Der Heinzel und Emma Elf waren völlig erschöpft. Mit letzten Kräften radelten sie in Richtung Zeughaus und waren froh, als sie endlich von den Rädern steigen konnten. Am Eingang zum Kölnischen Stadtmuseum sahen sie schon den Teufel auf einer Bank sitzen.

„Ich bin völlig k.o., ich hab' Muskelkater in den Beinen und vom Sitzen auf dem Sattel tut mein Popo ganz weh", jammerte der Heinzel dem Teufel vor und ließ sich neben ihn auf die Bank fallen.

„Armer Heinzel! Ich könnte dir ein Teufelskraut auf den Hintern schmieren. Es brennt, aber es hilft. Ich könnte dich auch mit Brennnesseln auf den Popo und die Beine schlagen. Das ist ein altes Hausmittel."

„Nein danke", sagte der Heinzel müde.

Emma Elf hatte sich auch auf die Bank gesetzt. „Wo ist Mercur? Der wollte doch auch kommen."

„Weiß ich nicht. Wir sind getrennte Wege gegangen", antwortete der Teufel.

„Woher soll der denn wissen, wo er hin muss. Der kennt doch das Zeughaus gar nicht", erwiderte Emma gereizt.

„Ich habe ihm alles erklärt", antwortete der Teufel. „Und außerdem sind wir doch schon an der Burgmauer am Zeughaus entlanggegangen."

Der Goldene Vogel, ein Denkmal der „Auto-Zeit".

Dann saßen die drei stumm auf der Bank.

„Avete", schallte es plötzlich an ihre Ohren. „Seid gegrüßt, meine Lieben."

Die drei guckten sich ratlos an, guckten zur Seite und drehten sich um. Aber niemand war zu sehen.

„Das war doch die Stimme von Mercur. Wo ist der?"

Dann guckten sie nach oben. Auf dem hohen Turm des Zeughauses stand Mercur triumphierend wie ein ruhmreicher Römer auf dem ‚Flügelauto'. Er hatte einen Arm so vorgestreckt, als wol-

le er gleich mitsamt dem geflügelten Auto abheben. Er machte eine sehr imposante Figur, eben wie ein siegreicher römischer Feldherr. Von unten sah es so aus, als ob er riesige Flügel hätte und an den Schuhen noch ein paar kleine dazu.

„Komm da runter", schrie der Teufel. „Los, mach schon. Wir warten auf dich."

Mercur lachte.

„Von mir aus kann er noch eine Stunde da oben stehen bleiben. Ich kann mich sowieso nicht bewegen und in das Kölnische Stadtmuseum gehen", sagte der Heinzel.

Aber Mercur war schon unbemerkt zur Erde geglitten.

„Kann mir mal bitte jemand eine Auskunft darüber geben, was dieses Geflügel da oben auf dem Turm bedeuten soll?"

„Das kann ich", sagte Emma Elf. „Das Geflügel da oben ist ein Auto. Und mit den Flügeln ist es moderne Kunst vom Künstler H.A. Schult!"

„Das soll Kunst sein? Versteh' ich nicht. Ich finde das nicht gut. Zu meiner Zeit war Kunst was anderes", mischte sich der Teufel ein.

„Ich finde das gut", beharrte Emma Elf. „Ihr habt keine Ahnung davon, wie schrecklich so ein Auto sein kann. Es ist gut, wenn man damit vorankommt, und es ist schrecklich, wenn man damit im Stau steht. Dann wünschte man sich Flügel am Auto. Denn dann könnte man damit über den ganzen Stau hinwegfliegen."

„Ach so!", meldete sich der Heinzel mal wieder. „Das ist aber eine witzige Idee."

Mercur verstand nichts. Das sah man seinem Gesicht an. Aber er war ja auch noch nie mit einem Auto gefahren und hatte noch nie im Stau gestanden. „Ich möchte mal in einem Auto sitzen und fahren", sagte er versonnen.

„Jetzt gehen wir hier mal endlich rein", beendete der Teufel das Gespräch. „Los jetzt." Er nahm den Heinzel an der Hand, zerrte ihn hoch und ließ ihn nicht mehr los, bis sie im Museum waren. Sie mischten sich unter eine Gruppe, die von einem Museumsführer begleitet wurde. Bei der Vitrine mit den Kölschgläsern bogen sie links ab. Dann sah

Das Kölnische Stadtmuseum im Zeughaus mit dem Flügelauto von HA Schult auf dem Turm.

Die neugierige Schneidersfrau vom Heinzelmännchenbrunnen ist eine Kopie. Das Original steht im Kölnischen Stadtmuseum.

der Heinzel die Holzbank in der Fensternische. Er riss sich von der Hand des Teufels los, legte sich auf die Bank, machte die Augen zu und fing augenblicklich an zu schnarchen.

„Der Heinzel hat noch nicht mal gesehen, dass hier neben der Bank die Schneidersfrau vom Heinzelmännchenbrunnen steht. Das ist nämlich die echte Steinfigur und die, die jetzt auf der Treppe des Heinzelmännchenbrunnens steht, ist eine Kopie“, bemerkte Emma Elf.

Eine Schulklasse kam ihnen entgegen, die gerade das Museum verlassen wollte. Die Schüler guckten mit offenem Mund, als sie die vier Gestalten sahen, drehten sich im Gehen um und glotzten ihnen nach. Der Teufel konnte es nicht lassen, ihnen seine Teufelsfratze zuzuwenden und die lange, spitze Zunge zu zeigen. Beinahe hätte er noch gespuckt, aber Mercur gab ihm einen kräftigen Stoß in die Seite.

Das Kölnische Stadtmuseum im Zeughaus

Das Zeughaus, in dem das Kölnische Stadtmuseum seine Sammlung zeigt, war im Mittelalter die Waffenkammer der Stadt. Hier lagerten schwere Geschütze, Armbrüste, Spieße, Speere, Pistolen, Helme, Rüstungen und anderes Kriegszeug. Später verwahrte die Stadt auch alte Sachen im Zeughaus auf. Zum Beispiel einen römischen Sarg, eine ägyptische Mumie und alte Fahnen der Stadt. So wurde das Haus ein Sammellager der Dinge, die mit der Geschichte der Stadt zu tun hatten. Ende des 14. Jahrhunderts wurde das Zeughaus über dem zugeschütteten Graben direkt an der römischen Stadtmauer errichtet. Nach zweihundert Jahren war ein Neubau fällig, der bis heute mehrmals umgebaut wurde. Das Kölnische Stadtmuseum zeigt nun schon seit über vierzig Jahren etwa fünftausend Objekte zur Geschichte der Stadt im Zeughaus.

Sie gingen am Modell des Rathauses und an den Ritterrüstungen vorbei. Dann blieb der Teufel an einem Denkmal aus Stein stehen.

„Das kenn ich doch. Das habe ich doch mit dem Heinzel an der Stadtmauer gesehen. Das war doch die Geschichte mit dem Überfall durch das Loch unter der Mauer“, sagte Emma. „Aber wieso ist das

Denkmal hier im Museum. Es ist doch an der Stadtmauer am Sachsenring, nicht weit von der Ulrepforte!"

„Denkmalschutz und Denkmalpflege", sagte Mercur. „Das hatten wir doch schon. Draußen geht das Original kaputt. Deshalb ist das echte Denkmal im Museum."

„Im Jahr 1268", begann der Teufel „sollte durch diesen Überfall die Macht des Erzbischofs wieder hergestellt werden. Aber wie man sieht, hat das nicht geklappt. Übrigens haben sich die Kölner schon früher gegen ihren Stadtherrn aufgelehnt. Der Erzbischof Anno ist sogar vor ihnen geflüchtet. Das war im Jahre 1074."

„Erzähl mal", sagte der Heinzel, „das ist bestimmt spannend."

„Nein", sagte der Teufel. „Ich wollte doch jetzt von der letzten großen Ritterschlacht im Jahr 1288 berichten."

„Bitte erzähl das doch", bettelte der Heinzel.

„Also gut!", sagte der Teufel und begann.

unten: Annos Fluchtweg.

Erzbischof Annos Rache

Als Anno Erzbischof und Stadtherr war, gab es in der großen Stadt Köln etliche reiche und angesehene Kaufleute. Sie fuhren mit ihren Schiffen in die Länder des heutigen Europa und handelten mit Waffen und Rüstungen, mit Wolle und Wollstoffen, Seide und Pelen, Töpfen, Schüsseln und Krügen aus Ton, Heringen und Wein. Der Stadtherr Anno war nicht eliebt bei ihnen, weil er ihre Meinung missachtete und sich als alleiniger Herrscher der Stadt etrachtete. Eines Tages rebellierten die Kölner nd es kam zu einem blutigen Aufstand. Was ar passiert?

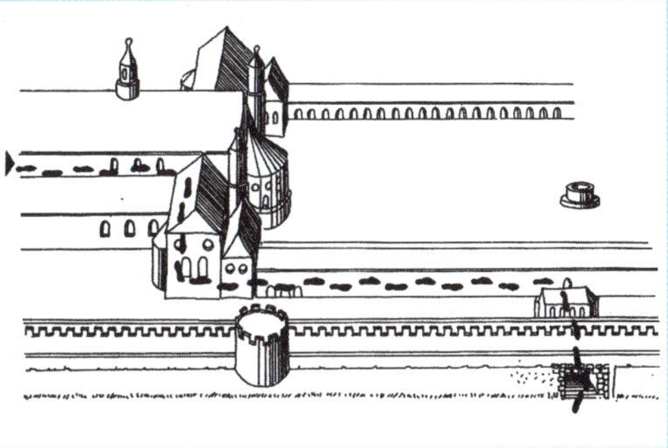

Zu Ostern des Jahres 1074 hatte Anno Besuch om Bischof von Münster. Für dessen bequeme Rückreise wollte Anno ihm ein Schiff besorgen. m Hafen wählte er ein passendes Kaufmannschiff aus, das aber schon mit Waren beladen ar, und beschlagnahmte es. Um Platz für den ischof und dessen Gefolge zu schaffen, warfen nnos Knechte einfach die Waren über Bord. ls der Sohn des Kaufmanns von diesem unerhörten Vorfall hörte, holte er sich Verstärkung und ertrieb die Knechte von seinem Schiff. Die empörten und wütenden Bürger zogen nun vor Annos alast, belagerten ihn, schleuderten Steine durch die Fenster und schworen Rache. Anno flüchtete us Angst in den Dom und verrammelte die Türen. Dann rannte er durch den Schlafsaal des

Domstiftes in ein Haus, das direkt an die römische Stadtmauer gebaut war. Im Keller dieses Ha ses konnte er durch einen Gang in der römischen Stadtmauer aus der Stadt flüchten.
Nach vier Tagen stand er mit einem Heer bewaffneter Soldaten wieder in Köln. Aus Angst vor se ner Rache flüchteten sechshundert der reichsten Bürger aus der Stadt. Die Rädelsführer des Aufstandes wurden schwer bestraft. Ihnen wurden die Augen ausgestochen. Sie wurden geblendet u ausgepeitscht. Ihre Häuser und ihr Vermögen wurden beschlagnahmt. Anno zeigte ihnen so sein Macht als Stadtherr. Aber für die Bürger Kölns war das nur ein Anfang, sich gegen die Macht de Erzbischöfe aufzulehnen.

Im Parkhaus unter dem Dom ist in den Resten der römischen Stadtmauer das so genannte Annoloch zu sehen, durch das der Bischof seinerzeit geflohen sein soll.

„Das ist ja unglaublich", sagte der Heinzel. „Ist das wirklich passiert?"

„Klar", sagte der Teufel. „Aber jetzt erzähle ich dir die andere Geschichte, die ist auch wirklich passiert." Er zeigte zur gegenüberliegenden Seite auf das große Gemälde und fuhr fort: „Im Jahr 1288 tobte dann die letzte große Ritterschlacht im Norden von Köln. Tausende von Bewaffneten zu Fuß und zu Pferde schlugen mit mörderischen Waffen aufeinander ein. Mächtige Fürsten kämpften um die Vorherrschaft im Nordwesten von Europa. Auch der Kölner Erzbischof und die Kölner Bürger waren dabei. Für sie stand viel auf dem Spiel: Wenn der Erzbischof mit seinen Verbündeten gesiegt hätte, wäre er auch wieder der starke und mächtige Stadtherr geworden. Aber es kam anders. Sieger wurden seine Gegner – und damit auch die Kölner. Von nun an regierten etwa fünfzehn reiche, mächtige, adelige Familien, die ‚Patrizier', für mehr als hundert Jahre in Köln. Seither wollten die Erzbischöfe auch nicht mehr in Köln wohnen. Sie residierten, das heißt prachtvoll wohnen und regieren, in Bonn und Brühl. Das prächtige Schloss Augustusburg von Clemens August kennst du ja vielleicht."

Kölner Patrizier

Nach der Schlacht bei Worringen regierten etwa fünfzehn reiche, mächtige Familien in Köln, zum Beispiel die Familien Overstolz, Lyskirchen, Hardevust und vom Spiegel, Gryn und von der Aducht, Gir, Kleingedank, Birklin, Hirzlin. Als Zeichen ihrer besonderen Bedeutung führten sie sogar Wappen wie Ritter und Könige.

Overstolz | Lyskirchen | Hardevust | vom Spiegel

rechte Seite: In der Sage vom Löwenkampf (hier am Rathaus) steht der Löwe für den Erzbischof und der Bürgermeister für die Bürger.

„Warum hat der Maler zwei Bilder auf einem Gemälde gemalt? Auf der linken Seite kämpft ein Mann mit einem Löwen und auf der rechten Seite ist die Schlacht bei Worringen dargestellt?", wunderte sich Mercur, der das Gemälde ausgiebig studiert hatte, während der Teufel erzählte.

„Links ist die Sage vom Löwenkampf dargestellt, die ich euch jetzt erzähle", sagte der Teufel.

Mittelalter

Die Sage vom Löwenkampf

Der Bürgermeister Hermann Gryn war ein beliebter Mann in der Stadt, weil er sich vom Erzbischof nichts gefallen ließ und für die Sache der Bürger kämpfte. Eines Tages wurde er von zwei Domherren zum Erzbischof eingeladen. Hinterlistig trachteten sie danach, Gryn eins ıszuwischen. Nachdem sie gut gegessen und getrunken hatten, wollten die Domherren dem Bür- ɛrmeister einen Löwen zeigen, den sie in einem Käfig hielten. Als sie fast vor der Käfigtüre standen, ss einer der Domherren plötzlich die Türe auf und der andere gab dem Bürgermeister einen Stoß. ann schlugen sie die Türe zu, verriegelten sie und rannten weg.

un saß der Bürgermeister in der Falle. Hungrig starrte ihn der Löwe an und ging zum Angriff ber. Hermann Gryn hatte aber blitzschnell die Situation erkannt. Er wickelte seinen Umhang um e linke Hand, stopfte sie dem Löwen ins Maul, zog mit der Rechten sein Schwert und stieß es m Löwen mitten ins Herz und tötete ihn.

er Bürgermeister befreite sich aus dem Käfig und ließ die beiden hinterhältigen Domherren, die n in diese Falle gelockt hatten, ergreifen. Mit einem Strick um den Hals wurden sie im alten rö- ischen Stadttor erhängt. Seitdem wurde dieses Tor ‚Pfaffenpforte' genannt.

Im Kölnischen Stadtmuseum spielen Kinder den „Löwenkampf" nach.

„Und was ist nun das Wahre an der Sage?", wollte Emma Elf wissen.

„Eigentlich ist gar nichts wahr. Aber genau so, wie der Bürgermeister Gryn in der Sage den starken Löwen besiegt hat, haben die Kölner in der Schlacht bei Worringen 1288 den Erzbischof besiegt. Also steht der Löwe für den Erzbischof und der Bürgermeister für die Bürger."

„Aha", sagte Mercur, „da wäre ich alleine nicht drauf gekommen."

„Wenn ihr die Augen gut aufmacht, seht ihr in der Stadt noch mehr Darstellungen vom Löwenkampf, zum Beispiel am Rathaus", sagte der Teufel.

„Hier auf dem Steinrelief unter dem Gemälde ist er doch auch zu sehen. Und draußen über der Türe, die zum Turm hinaufführt, ist auch eine Steintafel mit dem Löwenkampf angebracht", antwortete Mercur.

„Alle Achtung, gut beobachtet", lobte ihn der Teufel, „aber jetzt gehen wir mal zum Verbundbrief."

Auf dem Weg dorthin kam ihnen der Heinzel entgegen. Ein Aufseher hatte ihn geweckt und gesagt: „Im Museum schläft man nicht und schnarcht man nicht." – „Guckt mal, was ich hier habe", sagte der Heinzel und zeigte ihnen ein Gerät. „Das ist ein Inform-Gerät, ein Audioführer. Wenn man eine Nummer eintippt, wird was erzählt."

Alle starrten auf das Gerät, das wie ein altmodisches Handy aussah.

Im Verbundbrief wurde aufgeschrieben, wie die Stadt regiert werden soll. Die Bürgermeister, Kaufleute und Handwerker besiegelten den Brief, weil sie mit dem Inhalt einverstanden waren.

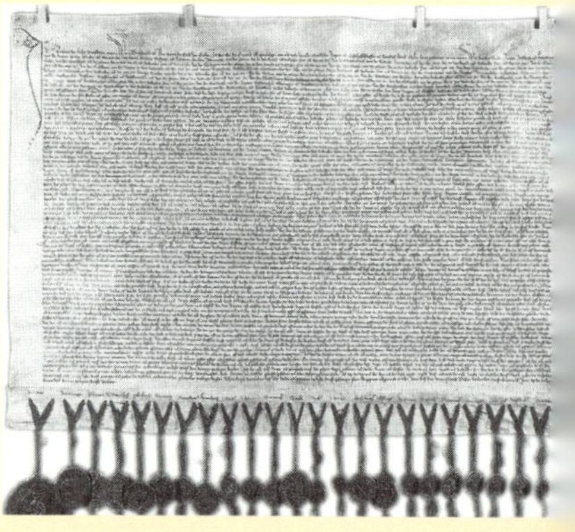

„Wir probieren das jetzt mal am Verbundbrief aus", sagte Emma. „Mal sehen, ob das klappt."

„Gib mal her", sagte der Teufel. „Schließlich bin ich der Fachmann und kann beurteilen, ob das stimmt, was da erzählt wird." Er tippte die Nummer 41 ein, hielt das Gerät an das Ohr und lauschte der Frauenstimme.

Der Verbundbrief aus dem Jahr 1396

Im 14. Jahrhundert herrschten sehr wenige, doch wohlhabende und alteingesessene Familien über die Stadt. Den Kaufleuten und Handwerkern gelang es aber, diese Familien zu verjagen und die Regierung der Stadt zu übernehmen. Sie verbündeten sich und legten im Verbundbrief fest, wie sie die tadt regieren wollten. Als Zeichen, dass alle zweiundzwanzig Verbände er Kaufleute und Handwerker einverstanden waren, befestigten sie ihe Siegel an dieser Urkunde. Für die Stadt Köln wurde das große Siegel ngebracht. Der Verbundbrief wurde dreiundzwanzigmal mit Tinte auf ergament geschrieben, denn jeder Verband, der früher Gaffel genannt urde, und auch die Stadt Köln mussten ein Exemplar im jeweiligen affelhaus und im Rathaus aufbewahren. Bis heute, also über sechsundert Jahre später, sind noch fünf Verbundbriefe in Köln erhalten. uch von den Stempeln, die zum Siegeln benutzt wurden, kannst du inige in der Vitrine sehen.

Mittelalter

Während der Teufel zuhörte, wanderten die anderen umher. Emma Elf stand vor dem Rathausmodell und Mercur betrachtete ausgiebig die Darstellung einer Sitzung im Rathaus. Der Heinzel wartete neben dem Teufel und betrachtete den Verbundbrief.

„Nicht schlecht. Gute Erklärung. Gut zu verstehen. Ich würde es natürlich viel besser machen“, gab der Teufel seinen Kommentar ab. „Aber das Ding hat einen Nachteil.“

„Und welchen?“, wollte der Heinzel wissen.

„Man kann diesem Gerät keine Fragen stellen.“

„Stimmt“, sagte der Heinzel.

Der Siegelstempel aus dem Jahre 1268/69 ist das kostbarste Stück im Kölnischen Stadtmuseum.

„Hier liegt das kostbarste Stück des Museums“, sagte der Teufel, als sie vor einer hohen, schmalen Vitrine standen, in der nur ein Siegelstempel und ein Siegelabdruck lagen. „Das ist der Siegelstempel der Stadt Köln, über fünfhundert Jahre lang wurde er benutzt. Er wurde in einem Schrank im Rathaus aufbewahrt, der nur mit dreiundzwanzig Schlüsseln, die auf dreiundzwanzig Männer verteilt waren, geöffnet werden konnte. Und das Kästchen, in dem er lag, steht hier in der Vitrine. Drei der dreiundzwanzig Schlösser mit Schlüsseln liegen auch daneben.“

Der Siegelstempel wurde im Kästchen aufbewahrt.

Sitzung im Rathaus: Die zwei Bürgermeister und neunundvierzig Ratsleute beraten im Ratssaal. In dessen Mitte sitzen die vier Schreiber, die das Protokoll führen.

Die Gaffeln der Kaufleute und Handwerker

- Wollenamt (Textilgewerbe)
  - Schwarzhaus (Färber)
  - Windeck (Kaufleute)
  - Himmelreich (Kaufleute)
- Schmiede
- Gürtelmacher
- Eisenmarkt (Kaufleute)
- Goldschmiede
- Fischamt
- Aren (Kaufleute)
- Brauer
- Buntwörter (Kürschner)
- Schilderer (Maler)
- Steinmetzen
- Bäcker
- Fleischer
- Schuhmacher
- Sarwörter (Harnischmacher)
- Kannengießer
- Fassbinder
- Ziechenweber (Sacktuchweber)
- Schröder (Schneider)

Während sie vor der Vitrine standen, spielte der Teufel mit dem Audioführer.

„Gib mir das mal wieder“, sagte der Heinzel „ich will auch mal was hören.“ – „Wir auch“, meldeten sich Mercur und Emma Elf.

„Geht euch doch selbst eins holen. Da vorne bei der Kasse darf man sich bedienen“, sagte der Heinzel. Es dauerte nicht lange und jeder hatte das Ohr am Audioführer und hörte etwas anderes. Der Teufel und Emma Elf waren sogar schon nach oben gegangen und standen vor den Schiffsmodellen.

„Tu das Ding mal weg", sagte der Teufel plötzlich zu Emma. „Du musst jetzt Rätsel lösen. Ich beschreibe ein Schiff und du musst sagen, welches von den beiden hier in der Vitrine gemeint ist. Also, das Schiff hat Segel und ein großes festes Steuerruder. Es liegt tief im Wasser und fährt auch auf dem offenen Meer."

„Das da", sagte Emma.

„Das da, das da! Das Schiff hat einen Namen!"

„Und woher soll ich den vielleicht wissen?"

„Alles, was hier ausgestellt ist, hat eine Beschriftung. Da kann man nachlesen. Also bitte. Welches Schiff ist gemeint?"

Emma ging näher heran und las: „Niederländer Schiff."

„Richtig. Und das andere?"

„Oberländer Schiff."

„Sag mal Teufel, benimmst du dich jetzt auch wie ein Lehrer und fragst mich dauernd ab? Du weißt doch, dass ich das nicht leiden kann."

„Verzeihung, liebe Emma Elf! Soll ich dir lieber erzählen, warum Köln im Mittelalter die größte, bedeutendste, wichtigste, schönste und reichste Stadt war?"

Alter Schleimer, dachte Emma bei sich und sagte: „Ja, bitte."

„Das hängt nämlich mit diesen Schiffen hier zusammen. Köln liegt an der Grenze vom Niederrhein zum Mittelrhein. Der Niederrhein war tief und breit. Er konnte von tiefgehenden Schiffen befahren werden. Der Mittelrhein war enger, er hatte gefährliche Untiefen und war für Seeschiffe nicht befahrbar. Deshalb wurde in Köln umgeladen. Also, alle Waren aus den Niederländer Schiffen raus – und in die Oberländer

Mittelalter

links: Das Niederländer Schiff war ein Seeschiff. Es lag tief im Wasser.

rechts: Das Oberländer Schiff war ein Flussschiff. Es war flach gebaut und lag nicht tief im Wasser, weil der Rhein zwischen Mainz und Köln flach und felsig war.

Schiffe wieder rein – oder umgekehrt: Heringe, Fleisch, Speck, Schinken, Käse, Wein, Getreide, Gewürze, Salz, Leder, Wolle, Seide, Pelze, Eisen, Steine und Holz. Wenn die Waren ausgeladen waren, mussten sie versteuert und den Kölnern drei Tage zum Verkauf angeboten werden. In dieser Zeit tauchten die städtischen Kontrolleure auf. Und wehe, die Qualität stimmte nicht! Wenn die Heringe schon zum Himmel stanken, wurden sie sofort in den Rhein gekippt und schlechtes Fleisch gleich hinterher. Wenn aber alles in Ordnung war, bekamen die Waren einen Stempel, und die Käufer konnten sich auf die geprüfte Ware verlassen."

„Kenn ich", unterbrach ihn Emma. „Heute prüft die Stiftung Warentest viele Sachen. Wenn sie gut oder sehr gut sind, steht das auf der Verpackung. Sag mal, Teufel, durften denn die Kölner alle Waren überprüfen? Die Händler hätten doch auch sagen können: ‚Nö, mach' ich nicht'."

„Die Kölner hatten ein Recht dazu, sie hatten das ‚Stapelrecht'. Jeder musste sich daran halten. Kein Schiff durfte über Köln hinausfahren. Deshalb gab es hier immer gute Lebensmittel. Auch Handwerker hatten durch das Stapelrecht genügend Rohstoffe, zum Beispiel Eisen, um daraus Rüstungen zu schmieden, oder Wolle, um Stoffe daraus zu weben, oder Steine, um die Stadtmauer und Häuser zu bauen."

„Sollen wir mal wieder nach unten gehen und gucken, was die anderen machen?", fragte Emma Elf. Der Teufel war einverstanden.

Unten stand der Heinzel. „Ich muss dir was zeigen", sagte er zum Teufel. „Hier auf dem Bild habe ich deine Kameraden entdeckt. Guck mal, die Teufelchen hier."

„Das ist doch gar nichts", ereiferte sich der Teufel. „Es gibt ein Gemälde, da sind massenhaft Furcht erregende, rohe, gewalttätige und schreckliche teuflische Gestalten drauf zu sehen."

Plötzlich hörten die drei laute Stimmen: „Lassen Sie das! Kommen Sie da weg! Kommen Sie heraus! Können Sie nicht lesen. Da steht ein Schild: Betreten verboten!" Als sie näher kamen, sahen sie, dass Mercur in dem alten Ford saß und gerade dabei war auszusteigen. Andere Museumsbesucher drehten sich neugierig um. Als die drei bei Mercur angekommen waren, flüsterte Emma: „Ich glaube, wir gehen besser." Sie eilten zum Ausgang. Draußen sagte Mercur: „Ich wollte doch nur mal wissen, wie es innen in einem Auto aussieht und wie man da drin sitzt."

„Kommt, wir gehen im Wallraf-Richartz-Museum das Bild mit den vielen Teufeln gucken", sagte der Teufel.

„Und wo ist das? Ist das weit zu gehen?", fragte der Heinzel. „Ich bin doch nicht gut zu Fuß. Meine Beine tun doch so weh."

„Ich nehm dich Huckepack oder auf die Schultern. Ich bin doch der Gott der Reisenden. Ich stehe dir bei." Als Mercur den Heinzel auf dem Rücken hatte, sagte er: „Eamus."

„Hä?", rief der Heinzel von oben. „Eamus?"

„Lateinisch", sagte Mercur. „Auf deutsch: Lasst uns losgehen!"

Mittelalter

Vom Maler Stefan Lochner, der Pest und dem Rathaus

„Ich hab' was vergessen. Ich wollte euch im Stadtmuseum noch etwas zeigen. Warum musstest du auch in dieses dumme Museumsauto steigen?", wandte sich der Teufel ärgerlich an Mercur, der völlig verdutzt guckte und fast den Heinzel fallen gelassen hätte.

Kampf zwischen Engeln und Teufeln um die Seele der Menschen auf dem Weltgerichtsgemälde von Stefan Lochner.

Das ‚Weltgericht', ein Gemälde von Stefan Lochner aus der Zeit um 1435/39. Es zeigt die biblische Szene des Jüngsten Gerichts am Ende der Zeiten.

„Auf dem alten Stadtplan wollte ich euch zeigen, wo der Teufelmaler gewohnt hat."

„Hat der wirklich immer nur Teufel gemalt?", fragte der Heinzel von oben.

„Wie kann man nur so was Blödes fragen", ereiferte sich der Teufel und zeigte dem Heinzel einen Vogel. „Natürlich hat der nicht nur Teufel gemalt. Auch Engel und die heilige Ursula und die Heiligen Drei Könige und Maria mit dem Jesuskind und andere Heilige und Pflanzen und alles, was zu so einem mittelalterlichen Gemälde gehört."

„Das können wir doch nicht wissen. Dann musst du ihn ja auch nicht Teufelmaler nennen", mischte sich Emma Elf ein.

„Ja gut, ja gut. Also dann nennen wir ihn bei seinem Namen. Dieser Stefan Lochner war wohl der beste Maler hier in Köln. Seine Bilder gefielen den Leuten, weil er alles so täuschend echt malen konnte. Er bekam vom Bürgermeister und den Ratsherren den Auftrag, das Bild mit den Teufeln zu malen. Da hat der sich ins Zeug gelegt und sich besonders schöne Exemplare ausgedacht. Teufel mit Fledermausohren, Drachenarmen und Löwenklauen. Teufel mit Fratzen auf Schultern, Bauch und Knien. Teufel mit dichten, grauen Haaren und langen Brüs-

ten. Schwarz und grün behaarte Teufel mit langen Hörnern und Zweizacken in der Hand. Er hat sich den dicken Höllenfürst mit einer Fratze auf dem Bauch ausgedacht, der mit aufgerissenem Maul und heraushängender, glutroter Zunge auf der verbrannten Erde vor dem Höllenschlund sitzt und die Sünder in die faulig stinkende und gigantisch heiße Hölle zerrt, wo die ewigen Höllenqualen warten. Nur sonntags war Ruhetag, da wurden die Strafen ausgesetzt. Teufel quälten nur von Montag bis Samstag."

„Das ist doch Quatsch. Das glaubt doch heute kein Mensch mehr", unterbrach Emma Elf den Teufel.

„Ich glaube, die Menschen quälen sich gegenseitig und machen sich ihre Hölle selbst. Sie haben sich die Hölle als Strafe für die Bösen ausgedacht. Schließlich ist Strafe auch gerecht", sagte Mercur nachdenklich.

„Oh", sagte Emma zu Mercur „du bist ja ein Philosoph. Du bist ja ein Dichter und Denker."

„Zu meiner Zeit glaubten die Menschen an diese fürchterliche Hölle", fuhr der Teufel fort. „Und eben auch an den wunderbaren Himmel. Das war für sie eine Stadt aus Gold, die durch göttliches Licht erleuchtet wurde. Ein Ort ohne Sorgen und Nöte, ohne Hunger, Durst, Kälte und Krankheiten, ohne Neid und Missgunst. Weshalb sollten sie sonst so ein Bild im Rathaus aufhängen, das die Geschichte vom ‚Jüngsten Gericht' erzählt, wenn sie nicht an Himmel und Hölle geglaubt hätten?"

„Welches Gericht? Was zum Essen?", wollte der Heizel wissen.

„Was zum Essen! Ich kann es nicht fassen. Das Jüngste Gericht soll was zum Essen sein! Jetzt hör aber mal gut zu, mein lieber Heinzel", antwortete der Teufel, „beim Jüngsten Gericht öffnen sich durch den Schall der Posaunen die Gräber und die Toten erwachen. Christus ist der Richter und entscheidet: Gute werden von den Engeln in den Himmel geleitet, Böse werden von den Teufeln in die Hölle gezerrt."

Mittelalter

Der Höllenfürst im Höllenschlund. Eine feine Gesellschaft ist dort versammelt: König, Papst, Bischof, Mönche und feine Damen.

Ein vornehm gekleideter Bürger mit seiner Ehefrau um das Jahr 1450.

„Und wonach entscheidet Christus?", bohrte der Heinzel weiter.

„Geizhälse, Neidhammel, Faulenzer und Tunichtgute, unmäßige Fresser und Säufer, Eingebildete, Stolze, Zornige und Wütende, Verschwender und Prunksüchtige kommen in die Hölle zu uns Teufeln. Die anderen werden von Engeln in den Himmel geführt."

„Langsam leide ich auch Höllenqualen", sagte Mercur zum Heinzel. „Du bist mir zu schwer geworden. Du musst ein Stück laufen."

Der Heinzel protestierte nicht und lief etwas staksig neben den anderen her. Als sie von weitem schon den Rathausplatz sahen, kam Mercur eine Idee: „Stefan Lochner, Stefan Lochner – ich glaube, den Namen habe ich im Dom schon gehört ... was war da nur gewesen?"

„Den ‚Altar der Stadtpatrone' hast du gesehen, der ist auch von ihm. Der stand ursprünglich auf dem Altar in der Ratskapelle, vor dem die Ratsmitglieder vor jeder Sitzung gebetet haben. Stellt euch mal vor: Auch Stefan Lochner musste montags, mittwochs und freitags ins Rathaus zu den Sitzungen. Er war nämlich von den Malern in den Rat der Stadt Köln gewählt worden. Das war eine Ehre für ihn. Er hat sich ja auch zwei schöne Häuser hier in der feinsten Wohngegend kaufen können. Und mit seiner Frau Lysbeth ist er in den Gürzenich zum Festessen des Rates mit anschließendem Tanz gegangen. Ein vornehmer, hoch angesehener Herr war das ... und gut gekleidet. Aber er und seine Lysbeth haben sie nicht überlebt."

Im Kölnischen Stadtmuseum und im Wallraf-Richartz-Museum gibt es Veranstaltungen vom Museumsdienst Köln, bei denen man Geschichte in mittelalterlichen Gewändern erleben kann.

„Was überlebt?", fragte Emma Elf.

„Eben nicht überlebt."

„Was denn, was haben sie denn nicht überlebt?"

„Die Pest, den schwarzen Tod! An einem einzigen Tag konnten zweihundert Menschen daran sterben. Es konnte jeden erwischen. Reiche Bürger und arme Teufel, fromme Christen und verkommenes Diebesgesindel, unschuldige Kinder und weise Alte, keiner war sicher

Der Gürzenich

Im Mittelalter wünschten sich die Kölner schon lange ein schönes Haus mit großen Räumen, in dem sie Festlichkeiten begehen konnten. Die Bürgermeister und die Herren vom Rat wollten große Festessen veranstalten und Empfänge geben. 1447 war es so weit. Der Gürzenich war vollendet. Etwa zweihundert Jahre lang feierte man rauschende Feste im Gürzenich. Dann wurde er zum Kauf- und Lagerhaus. Später erinnerte man sich wieder an die schönen Räume und veranstaltete Konzerte, die von berühmten Komponisten dirigiert wurden, und Sitzungen zu Karneval. Heute ist an der Südseite ein Aufzugskasten aus Glas angebracht. Übrigens rührt der Name Gürzenich von einer Familie her, der an dieser Stelle Grundstücke und Häuser gehörten.

Mittelalter

links: Der Gürzenich im Jahr 1827.

rechts: Heute hat der Gürzenich einen Aufzug aus Glas.

vor der Pest. Es war grausam und entsetzlich. Nachts rumpelten die Leichenkarren über das Pflaster zu den Friedhöfen. Vermummte Gestalten schaufelten die Gräber. Bald waren die Friedhöfe überfüllt. Aus Angst vor Ansteckung haben sich die Angehörigen manchmal nicht einmal mehr davon überzeugt, ob ein Kranker tatsächlich gestorben und tot war. Und so erzählte man in Köln die Sage der Richmodis von Aducht."

„Können wir uns mal setzen", fragte der Heinzel kleinlaut. Alle hatten Mitleid mit ihm, setzten sich auf ein Mäuerchen und hörten dem Teufel zu.

Richmodis von Aducht

Am Neumarkt stand einst das Haus zum Papageyen, in dem der reiche Kaufmann Mengis von Aducht mit seiner jungen und schönen Frau Richmodis wohnte. Als wieder einmal die Pest in Köln wütete, traf es auch Richmodis. Nach einigen Tagen gab sie kein Lebenszeichen mehr von sich. Als der Arzt endlich kam, untersuchte er sie nur flüchtig, stellte den Totenschein aus und verließ eilig das Haus.
Richmodis wurde in einen Sarg gelegt, denn der Rat der Stadt hatte angeordnet, dass Pesttote sofort auf den Friedhof geschafft werden müssten. Mengis stand lange vor dem offenen Sarg, betrachtete seine tote Frau und weinte. Zum Zeichen seiner ewigen Liebe und Verbundenheit ließ er ihr den kostbaren funkelnden Ehering am Finger.
Als die Totengräber den Sarg zugeschraubt hatten, trugen sie ihn in Begleitung von Mengis und der Familie auf den nahe gelegenen Kirchhof von St. Aposteln. Es war schon Nacht, als endlich die Grube für den Sarg

Als die scheintote Richmodis erwacht, ergreifen die Totengräber die Flucht.

ausgehoben war. Doch anstatt den Sarg hinabzusenken, öffneten die Totengräber ihn bei Nacht im Schein der Laterne. Sie griffen nach Richmodis' Hand und wollten der Toten den kostbaren Ring vom Finger ziehen. Plötzlich seufzte Richmodis, öffnete die Augen und richtete sich langsam auf. Den Totengräbern blieb der Mund offen und Entsetzen packte sie. Mit weit aufgerissenen Augen und ohne sich noch einmal umzudrehen, rannten sie in die dunkle Nacht.
Richmodis blickte um sich und erinnerte sich. Es grauste ihr. Sie stieg aus dem Sarg, ging durch die menschenleeren Straßen zu ihrem Haus und schlug mit dem Klopfer gegen die Tür. Bald schlurften Schritte heran. Die alte Dienstmagd öffnete ein Fenster und leuchtete Richmodis mit der Laterne ins Gesicht. Sie schrie voller Entsetzen, rannte zu ihrem Herrn und berichtete ihm, wer unten an der Türe stand. Mengis glaubte ihr kein einziges Wort und sagte: „Eher laufen meine Schimmel aus dem Stall auf den Heuboden und stecken ihre Köpfe zum Fenster hinaus, als dass meine geliebte Richmodis lebend vom Friedhof zurückkehrt." Kaum hatte er das letzte Wort ausgesprochen, polterten die schweren Hufe der Pferde die Holztreppen hinauf. Mengis rannte zur Haustür, öffnete sie und vor ihm stand seine frierende und zitternde Richmodis. Er nahm sie auf seine starken Arme und trug sie in die Stube. Bald war das ganze Haus aufgewacht. Das Feuer wurde angefacht und die Suppe im Kessel erwärmt. Alle kümmerten sich um Richmodis, die nur scheintot gewesen war. Durch die liebevolle Fürsorge von Mengis und dem Gesinde wurde sie wieder ganz gesund. Zur Erinnerung an das wundersame Geschehen ließ Mengis oben im Turm zwei hölzerne Pferdeköpfe aus dem Fenster gucken.

Die Pferdeköpfe am Turm des Richmodishauses am Neumarkt erinnern an die Sage.

„Sag mal, Teufel“, begann der Heinzel dann seine Überlegungen, „wieso kam die Pest einfach so. Wo kam sie her? Und warum haben sich so viele angesteckt?“

„Ich kann das mal kurz erklären“, mischte sich Emma Elf ein. „Heute weiß man, dass die Pestbazillen vom Rattenfloh auf den Menschen übertragen werden.“

„Zu meiner Zeit wusste das kein Mensch. Man glaubte, dass verdorbene Luft und verdorbenes Essen die Ursache waren. An Ratten hat man noch nicht gedacht, obwohl der Unrat die Straßen verdreckte, Misthaufen sich an allen Ecken auftürmten, Schweine, Hunde, Katzen und sonstiges Getier frei auf den Straßen herumliefen und Ungeziefer überall zu finden war. Das waren ideale Zustände für Ratten mit dem Rattenfloh und die Verbreitung der Pest.“

Das Rathaus mit dem Ratsturm und der Rathauslaube aus der Vogelschau. Auf dem Platz davor ist noch ein Teil einer römischen Basilika sichtbar. Die Glaspyramide schützt die Reste der Mikwe.

„Der Turm sieht wie ein Kirchturm aus. Überall spitze Bögen und oben Ziertürmchen. Gotischer Baustil!“, sagte Emma Elf plötzlich.

„Ist aber kein Kirchturm. Ist der Ratsturm!“, antwortete der Teufel knapp. „Zeichen der Macht. Er ist gebaut worden, als Kaufleute und Handwerker die Macht in der Stadt übernommen hatten.“

„Die Figuren zwischen den Fenstern sind neu“, fiel Emma dem Teufel ins Wort. „Fast neu, ungefähr zehn Jahre alt. Alles bedeutende Persönlichkeiten, die für die Stadt Köln wichtig waren. Auch Heilige.“

„Da muss man ja ein Fernglas haben, um all die Namen zu lesen. Wie viele Figuren stehen denn da?“, fragte der Heinzel.

„Weiß ich nicht genau. Du kannst ja mal zählen“, antwortete ihm Emma Elf.

Die Figuren am Ratsturm

Die 124 Figuren zeigen Persönlichkeiten, die von Bedeutung für die Stadt Köln sind. Am Erdgeschoss stehen Herrscher und herrschergleiche Persönlichkeiten, zum Beispiel: Agrippina, Agrippa und Kaiser Augustus, Otto I. und Karl der Große.
Am 1. bis 3. Obergeschoss stehen Persönlichkeiten, die sich um die Stadt verdient gemacht haben, zum Beispiel: Konrad von Hochstaden, Reinald von Dassel, Erzbischof Hildebold, Jan van Werth, Johann Maria Farina und Konrad Adenauer.
Am 4. Obergeschoss stehen die Heiligen, die für Köln eine besondere Bedeutung haben, zum Beispiel: die hl. Ursula, der hl. Gereon und die Heiligen Drei Könige auf der Nordseite des Turmes.

„Ein Brautpaar, eine Hochzeit. Wie schön! Wie romantisch!“, rief der Heinzel plötzlich und lief auf die Rathauslaube zu, aus der ein junges Brautpaar samt Begleitung kam. Er stellte sich so dicht an die Hochzeitsgesellschaft heran, dass man glauben konnte, er gehöre dazu. Der Teufel, Mercur und Emma Elf hielten etwas mehr Abstand. Mercur interessierte sich auch mehr für die Bauweise der Rathauslaube. Ihm fielen sofort die Statue der Gerechtigkeit und das Relief mit dem Löwenkampf des Bürgermeisters Gryn ins Auge. Dann entzifferte er die Inschriften, die von der römischen Geschichte der Stadt erzählen.

Die Rathauslaube

Früher versammelten sich die Bürger auf dem Platz vor der Rathauslaube, um die Beschlüsse des Rates anzuhören. Im offenen Obergeschoss der Laube erschienen die beiden Bürgermeister. Dahinter stellten sich die neunundvierzig Ratsherren auf. Es war das Zeichen dafür, dass sie hinter der Sache standen. Der ältere Bürgermeister verlas dem Volk die Ratsbeschlüsse.

„Die ganze Bauweise erinnert mich an meine römische Zeit“, sagte Mercur zum Teufel. „Diese Rundbögen und die Anordnung der Säulen, diese Medaillons mit den Bildnissen von Cäsar, Kaiser Augustus und Agrippa.“

„Tja“, sagte der Teufel und klemmte sich seinen Schwanz zwischen die Beine. „Wenn ich ehrlich bin, ist die Rathauslaube entstanden, als das Mittelalter eigentlich schon zu Ende war.

„Renaissance“, sagte Emma Elf.

„Wie bitte?“, fragte Mercur nach.

„Renaissance“, gab Emma zur Antwort.

„Renessongs?“, fragte Mercur nach.

„Ja!“, sagte Emma. „Du musst ‚songs‘ durch die Nase sprechen. Dann ist das in Ordnung und klingt französisch. Es bedeutet Wiedergeburt.“

„Na so was! Und wer ist da wieder geboren worden?“

„Niemand! Man hat sich wieder an die römische Zeit erinnert, wollte die Welt entdecken und Freude am Leben und an der Natur haben. Man wollte nicht mehr an das Leben nach dem Tode denken, sondern an das Leben hier und jetzt. Und deshalb baute man auch anders. Eben ähnlich wie im Altertum, zum Beispiel wie in römischer Zeit, mit Säulen und runden Bögen“, erklärte Emma.

„Alle Achtung“, sagte Mercur. „Bewundernswert, was du alles weißt.“

„Da gibt‘s nichts zu bewundern! So was kannst du im Internet rauskriegen oder im Lexikon nachlesen“, sagte Emma und guckte Mercur an. Aber sie sah seinem Gesicht an, dass er sich unter Lexikon und Internet nichts Richtiges vorstellen konnte.

„Kommt, wir gehen mal rein“, sagte sie und rief den Heinzel, der immer noch bei der Hochzeitsgesellschaft stand und die Braut anhimmelte.

Der Teufelsfurz

Sie durchquerten die Vorhalle des Rathauses und gingen am Pförtner vorbei durch die Türe in die große Halle, die den Namen Piazetta trägt. Das ist italienisch und bedeutet ‚kleines Plätzchen‘. Hier schauten sie sich um. Sie blieben vor einer riesigen Figur aus Stein stehen.

„Die ist vom Eigelsteintor“, sagte der Teufel. „Das ist der Kölner Bauer. Wappen auf der Brust, Schlüssel der Stadttore am Arm, Federn am Hut und Dreschflegel in der Hand: Der Bauer steht für die unabhängige Stadt Köln, die keinem Herrn untertan, sondern eine Freie Stadt des Deutschen Reiches war. Die Schlüssel sind das Zeichen der Macht über Köln.“

Mittelalter

„Wissen wir schon. Die Kopie des Bauern haben wir schon am Eigelsteintor gesehen. Ist aber gut zu wissen, dass das Original in der Piazetta des Rathauses steht“, sagte Emma Elf und der Heinzel pflichtete ihr bei.

Dann gingen sie nach links zum Löwenhof. Hier war das Trauzimmer. Die Türe stand offen und die vier warfen einen Blick hinein. Es standen schöne Blumen auf einem Tisch. Es war niemand zu sehen, kein Brautpaar und auch kein Standesbeamter. Alle Stühle waren leer. Dann passierte es. Der Heinzel stemmte sich auf die Brüstung des Umgangs, um in den Löwenhof hinunterzusehen und donnerte mit seinem Kopf gegen die Glasscheibe, mit der die Bogenöffnungen verschlossen waren. Die Scheibe wackelte und der Heinzel erschrak sich fürchterlich. Es dauerte nicht lange und er hatte eine dicke Beule auf der Stirn. Nach diesem Erlebnis verließen sie den Löwenhof wieder, und als der Heinzel die Steinbänke in der Piazetta sah, legte er sich sofort hin.

Der Löwenhof im Untergeschoss des Ratsturmes.

„Mir ist schwindelig“, sagte er.

„Eine kleine Pause kann nicht schaden“, sagte Emma Elf. Keiner hatte etwas einzuwenden. Auch der Teufel legte sich sofort auf eine Bank, rieb sich seine Hörner und kratzte sich ausgiebig am Bauch. Er gähnte laut und anhaltend.

Inzwischen hatte sich eine muntere Gesellschaft in der Piazetta eingefunden. Ein Brautpaar mit Trauzeugen und Freunden. Unerwartet kam eine Frau auf den Teufel zu und sprach ihn unfreundlich an.

„Mach mal Platz, wir möchten uns gerne setzen.“

„Wie bitte?“, fragte der Teufel.

„Du sollst Platz machen.“

„Sie können sich gerne neben mich setzen", antwortete der Teufel höflich.

„Was? Neben dich? Wir sind eine Hochzeitsgesellschaft! Und du, du hast ja kein Benehmen. Du lümmelst dich hier herum und stinkst auch noch wie ein Ziegenbock", rief die Frau erzürnt.

Der Teufel wurde glutrot im Gesicht, stand auf, stemmte seinen rechten Arm in die Hüfte, nahm seinen Schwanz in die Linke und antwortete: „Ich stinke wie ein Ziegenbock? Das ist noch gar nichts! Ich kann noch ganz anders stinken. Ich kann wie ein Höllenfurz stinken", dabei drehte er der Frau sein Hinterteil zu und ließ einen ungeheuer lauten, donnernden Furz los. Im gleichen Augenblick legte sich ein fürchterlicher Gestank wie eine Wolke über die Hochzeitsgesellschaft und die Piazetta, als hätte jemand eine Stinkbombe gezündet. In diesem Moment eilte die Standesbeamtin auf die Gesellschaft zu, um alle in das Trauzimmer zu bitten. Sie verzog keine Miene und ließ sich nichts anmerken und alle folgten ihr gerne.

Der Teufel ging mit hoch erhobenem Haupt an der Gesellschaft vorüber. „Wir gehen", sagte er zu den anderen.

Auf dem Weg nach draußen kam ihnen ein großer, stattlicher Mann mit schwarzen Haaren und Schnäuzer entgegen und sie hörten, wie er vom Pförtner mit ‚Herr Bürgermeister' begrüßt wurde.

„Der muss da jetzt durch, durch diese Stinkwolke", sagte der Heinzel.

„Das schafft der schon. Der muss noch durch ganz andere Stinkereien durch", antwortete Emma Elf.

Als die vier endlich draußen waren, konnten sie sich nicht mehr halten vor Lachen und hielten sich die Bäuche. Selbst Mercur rollten die Tränen über die Wangen.

„Du warst umwerfend komisch", sagte Emma Elf zum Teufel, „diese Hochzeit wird niemand vergessen."

„Ich hab' Bauchweh vom Lachen" sagte der Heinzel nach etlicher Zeit.

„Besser Bauchweh vom Lachen, als vor Angst in die Hose machen", sagte Emma Elf.

„Kannst du immer solche Stinkfürze ablassen?", fragte Mercur den Teufel.

„Ich tue, was ich kann", antwortete er gut gelaunt. „Aber ich kann nicht nur stinken, ich kann euch auch was von Düften erzählen."

Die Mikwe, Aqua Mirabilis, Eau de Cologne und Nikolaus Gülich gegenüber

Mittelalter

Auf dem Weg quer über den Rathausplatz kamen sie an der Pyramide aus Glas vorbei. „Komisches Ding. Was soll das hier auf dem Platz?" Der Heinzel presste sein Gesicht gegen die Glasscheibe. „Das ist was Altes und das geht ganz tief runter", berichtete er dann und die anderen guckten auch durch die Scheiben. „Aber was?", fragte Mercur.

„Das ist die Mikwe", mischte sich der Teufel ein. „Die gehörte im Mittelalter zum jüdischen Wohnviertel und war nahe bei der Synagoge, dem jüdischen Gotteshaus."

Blick in den Schacht des jüdischen Kultbades (Mikwe), der sechzehn Meter tief in die Erde reicht. Auf dem Grund ist ein siebzig Zentimeter tiefes Becken zum Untertauchen.

„Und warum geht die so tief in die Erde? Und was ist eine Mikwe überhaupt?", fragte der Heinzel leicht gereizt.

„Ich wollte es gerade erklären, lieber Heinzel, aber du lässt mich ja nicht ausreden. Die Mikwe gehört zum religiösen Leben der Juden. Sie ist ein Reinigungsbad. Aber nicht von Dreck und Schweiß, sondern wenn man unrein geworden ist. Zum Beispiel wenn man einen Toten berührt hat, wenn eine Frau ein Kind geboren hat oder wenn man

Speisen gegessen hat, die Juden nicht essen dürfen wie etwa Schweinefleisch. Dann musste man in ‚lebendiges Wasser' untertauchen, in Wasser, das natürlich entstanden ist. Hier ist es zum Beispiel Grundwasser. Deshalb habe sie so einen tiefen Schacht gebaut, damit sich im Tauchbecken immer Grundwasser ansammelt, auch wenn der Rhein Niedrigwasser hat."

„Aha, vielen Dank, lieber Teufel. Aber jetzt weiß ich genug darüber."

„Eamos!", war plötzlich auch Mercur zu hören.

Juden in Köln

Schon in römischer Zeit gab es in Köln eine jüdische Gemeinde. Das belegt eine Urkunde aus dem Jahre 321 nach Christus. Kaiser Konstantin erlaubt in dieser Urkunde, dass auch Juden in den Stadtrat berufen werden dürfen. Im Mittelalter bewohnten die Juden ein eigenes Stadtviertel, in dem sich auch ihre Synagoge befand. Hier versammelten sie sich, beteten und bewahrten die heilige Schriftrolle, die Thora, auf. Außer der Synagoge für die Männer gab es noch eine Frauensynagoge, ein Hospital, ein Hochzeits- und Spielhaus, eine Backstube, eine Badestube und eine Mikwe. Heute kann man die Grundrisse dieser Gebäude im Pflaster des Rathausplatzes erkennen.
Schon im Jahr 1096 kam es zu Ausschreitungen gegen die Juden und man zerstörte ihre Synagoge. 1349 kam es zu ungeheuren Gewalttaten. Man beschuldigte die Juden, sie hätten die Brunnen vergiftet und dadurch die Pest verursacht. Das jüdische Viertel wurde niedergemacht und die meisten Bewohner umgebracht. Erst 1372 durften in Köln wieder einige jüdische Familien wohnen. Aber im Jahr 1423 beschloss der Rat der Stadt Köln, alle Juden auszuweisen und zu vertreiben. Von nun an war es Juden verboten, in Köln zu wohnen oder sich länger als drei Tage in der Stadt aufzuhalten. Erst als die Franzosen 1794 Köln besetzten, hatte die Ausgrenzung ein Ende. Nun war es verboten, Menschen wegen ihrer Religion zu verfolgen oder herabzuwürdigen.

„Das ist das Farina-Haus mit Duft-Museum", sagte der Teufel, als sie an der Ecke Obenmarspforten und Unter Goldschmied standen.

„Ich liebe Düfte. Wir Römer haben uns gerne damit beschäftigt, mit wohlriechenden Ölen, Salben, Cremes und Parfüms", sagte Mercur erfreut, betrat den Eingang und war im Geschäftsraum verschwunden.

Die anderen entdeckten die goldglänzende Schrift oben an dem Eckhaus: ‚Johann Maria Farina gegenüber dem Jülichs-Platz gegründet 1709‘ stand dort.

„Der Johann Maria Farina stammte aus Italien“, erklärte der Teufel, „weil zu dieser Zeit alle Parfumeure aus Italien kamen. Sie machten ‚Aqua Mirabilis – Wunderwasser‘. Unter den Wassern war eines, das der Johann Maria Farina gemacht hatte. Damit sich die Leute sein Duftwasser merken konnten, nannte er es zu Ehren seiner Stadt ‚Eau de Cologne – Wasser aus Köln‘. Duft war ein großer Luxus und nur sehr Reiche, Könige oder Fürsten konnten es kaufen. Köln wurde zur Duftstadt Europas. Als später die Franzosen die Herrscher von Köln wurden, machten viele das Kölnisch Wasser nach. Die französischen Offiziere tränkten jetzt ihre Taschentücher damit und legten sie sich auf die Stirn, weil sie den Gestank von fauligem Müll, von Pferdemist und Schweinedreck, von Pippi und Mausköttеln in Köln nicht mehr aushielten. Aber das Wunderwasser wurde nicht nur als Duft benutzt. Es wurde auch getrunken und sollte gegen Krankheiten helfen.“

Mittelalter

Das Stammhaus der Kölnisch-Wasser-Firma ‚Farina gegenüber‘.

„Und was bedeutet ‚gegenüber dem Jülichs-Platz‘?“, wollte der Heinzel wissen.

„Da drüben, wo der kleine Platz mit dem Brunnen ist, stand das Haus von Nikolaus Gülich. Er war ein Rebell, ein Revolutionär. Er hat sich gegen die Ratsherren und den Bürgermeister aufgelehnt. Er hat ihnen Bestechung, Misswirtschaft, Betrug, Unterschlagung von Geld und Bevorzugung vorgeworfen. Sie würden sich nicht an den Verbundbrief, das Grundgesetz von Köln, halten, hat er gesagt. Und das musste er schließlich büßen. Mit seinem Leben! Ihm wurde mit dem Schwert der Kopf abgeschlagen und am Bayenturm an einer Eisenstange aufgespießt. Dann wurde sein Haus abgerissen und ein Schandmal auf dem Platz errichtet – zur Abschreckung. Oben auf der Säule prangte sein Kopf, mit einem Schwert durchbohrt.“

„Der echte Kopf?“, fragte der Heinzel erschrocken.

„Nein, einer aus Metall. Aus Bronze. Extra für das Denkmal angefertigt“, antwortete der Teufel.

Der Rebell Nikolaus Gülich. Der Kopf aus Bronze ist heute im Kölnischen Stadtmuseum ausgestellt.

Der Heinzel ließ nicht locker: „Und wo ist der echte Kopf?"

„Weiß ich nicht", sagte der Teufel. „Aber den Bronzekopf habe ich im Kölnischen Stadtmuseum gesehen."

„Ihr dürft an mir schnuppern", rief Mercur den anderen zu.

Der Teufel drehte verächtlich seinen Kopf weg, als Mercur in eine Duftwolke gehüllt auf sie zutrat.

„Was die mir bei Farina alles erzählt haben! ‚Johann Maria Farina gegenüber dem Jülichs-Platz' ist die älteste Parfüm-Marke der Welt. Um ‚Echt Kölnisch Wasser' herzustellen braucht man viele Substanzen, zum Beispiel Mandarine, Zitrone, Lavendel, Rosmarin, Wasser und Alkohol. Und weil das Kölnisch Wasser die Stadt in aller Welt berühmt gemacht hat, steht der Herr Farina am Ratsturm."

„Der Nikolaus Gülich auch. Auf der Westseite, dritte Etage", sagte Emma.

Sie sah Mercur am Gesicht an, dass er nichts verstand, weil er nicht wusste, wer Nikolaus Gülich war.

Johann Maria Farina (1685–1766).

„Was machen wir eigentlich hier?", sagte der Teufel plötzlich. „Wir wollten doch die Teufel gucken, wir wollten doch ins Wallraf-Richartz-Museum."

Der Teufel packte sich den Heinzel und rannte quer über die Straße. Die anderen liefen hinterher. Als sie vor der großen, schweren Eingangstür aus Glas standen, ließ sie sich nicht öffnen. Der Teufel riss und rüttelte daran, trat mit dem Bockshuf dagegen und warf sich dann mit seiner ganzen Kraft gegen die Türe, aber nichts passierte. Durch das Gerappel und Gerüttel wurde ein Wachmann in Uniform aufmerksam, der mit geballter Faust durch die große Eingangshalle an die Türe gerannt kam und zornig auf seine Uhr zeigte.

„HerrGottSakramentNochmalVerfluchtUndZugenähtHimmelArschUndZwirn! Es ist zu spät. Es ist geschlossen", schrie der Teufel und stampfte mit seinem Bockshuf auf dem Boden herum. „Diese Furzknoten, warum können sie das Museum nicht länger offen lassen?"

Dann rannte er um die Ecke und blieb da stehen, wo man durch ein Fenster in das Treppenhaus des Museums hineinsehen konnte. „Hier war früher die Straße ‚In der Höhle'. Und genau gegenüber, wo jetzt die Einfahrt zum Parkhaus ist, standen die beiden Häuser von Stefan

Das Wallraf-Richartz-Museum zeigt europäische Malerei aus siebenhundert Jahren. Den Museumsbau hat der Architekt Oswald Mathias Ungers entworfen.

Lochner. Alles weg. Nichts mehr erhalten. Nichts mehr davon zu sehen. GottVerdammtNochmalVerdammtUndZugenäht."

„Hör jetzt endlich mit der Flucherei auf. Das kann sich ja keiner mehr anhören", sagte Mercur.

„Ich glaube, Teufel sind so. Erst ganz lustig und gut gelaunt und dann rasten sie plötzlich wegen einer Kleinigkeit aus. Ich glaube, wir haben eh' genug für heute. Wir treffen uns morgen wieder auf der Domplatte", rief Emma Elf den anderen zu, drehte sich um und war verschwunden.

Schlechte Zeiten in Köln

„Sag mal, Teufel“, begann der Heinzel, als sie am nächsten Morgen wieder auf dem Brunnenrand saßen, „bin ich nicht jetzt mal dran?“

„Der Heinzel hat recht“, sagte Emma Elf. „Das Mittelalter ist doch längst zu Ende, es ist doch eine neue Zeit angebrochen.“

„Ja, regulär schon. Und woanders auch. Aber in Köln nicht“, antwortete der Teufel.

„Also, entweder – oder. Köln kann doch keine Extrawurst sein“, sagte Emma Elf.

„Oh doch, Köln und Kölner wollen immer Extrawürste sein, weil sie was Besonderes sind – glauben sie jedenfalls“, antwortete der Teufel.

„Und warum dauert das Mittelalter in Köln länger als anderswo?“, mischte sich Mercur ungeduldig ein.

„Weil die Kölner vor sich hin gedämmert haben, wie bei Dornröschen. Sie haben nicht mitbekommen, dass die Zeiten sich geändert hatten. Man hatte ein neues Bild von der Welt und neue Gedanken und die Gesellschaft veränderte sich. Aber die Kölner hielten starrsinnig an ihren veralteten Regeln und Gesetzen fest. Sie schikanierten die modern denkenden Kaufleute, Händler und Handwerker. Die Zünfte wollten immer noch alles kontrollieren. Sie ließen keinen Wettbewerb zu und deshalb gingen fortschrittliche Leute aus Köln weg. Auch die Regierung war schlecht. Man durfte auch keiner anderen Religion angehören. Der Stadtrat verbot den Protestanten, eine eigene Kirche zu bauen, obwohl sie in Köln wohnten und tüchtige Leute waren. Die Stadt war heruntergekommen. Die Straßen verdreckt und matschig, es gab keine Müllabfuhr und die Schweine, Hühner, Gänse und Schafe liefen frei durch die Gassen. Die Bettler lungerten um die Stadttore und vor den Kirchen herum. Abends war es stockfinster, weil es keine Straßenbeleuchtung gab. Wenn man unbedingt das Haus verlassen musste, mietete man sich einen Leuchtenmann, der mit der Laterne voranging. Die Häuser und Kirchen waren in einem schlechten Zustand. Deshalb wurde über Köln gespottet und man sagte: ‚Köln ist die hässlichste und schmutzigste Stadt Deutschlands; die Straßen und die Bewohner sind gleich finster; der Kölner Dom ist ein riesiges missgestaltetes Ding; Köln ist die abscheulichste deutsche Stadt!‘ So hat man über Köln geredet. Doch es gab auch ein paar Kölner, die genug Geld hatten, eine feine Lebensart zu pflegen. Aber ich sage euch, die Zeiten für mich wurden immer schlechter und als die Franzosen nach Köln kamen, war es ganz aus!“

„Stimmt das denn, was die Leute so gesagt haben?“, fragte Emma.

„Natürlich stimmte das. Und natürlich war es auch übertrieben. Köln war schon etwas heruntergekommen – so wie andere Großstädte der Zeit auch.“

„Du hättest ja mal mit deinen Kollegen den Putzteufel spielen können. Dann wäre es etwas sauberer gewesen“, sagte Emma frech.

„So!“, sagte der Heinzel selbstbewusst. „Ich bin dran. Nach mehr als tausend Jahren ist deine Zeit jetzt wirklich zu Ende. Sie war ja auch lang genug!“

Der Teufel stampfte mit dem Bockshuf auf, blitzte den Heinzel an, nahm seinen Schwanz in die Hand und wollte dem Heinzel eins überziehen.

„Lass das“, sagte Emma Elf, „der Heinzel hat lange genug gewartet, bis er an der Reihe ist.“ Der Teufel war ohnehin erschöpft und hatte keine Lust mehr, die anderen zu unterhalten, deshalb ließ er seinen Schwanz fallen und rutschte an einer Hauswand auf den Boden hinunter.

Oh, Scheiße, dachte Emma Elf, denn der Teufel war gerade dabei, sich ohne hinzusehen auf einem Hundehaufen niederzulassen. „Achtung!!!“, brüllte Emma Elf und der Teufel konnte sich gerade noch rechtzeitig wieder aufrichten.

Die Neuzeit

Die Belegschaft der Firma Stollwerck im Jahr 1894.

Mit dem Heinzel in die Neuzeit

Weltbewegende Neuerungen

Neuzeit

„Also“, begann der Heinzel aufgeregt und lief auf und ab wie auf einer Bühne. „Zu meiner Zeit passierten weltbewegende Veränderungen.“ Dann machte er eine Pause wie ein Schauspieler. „Nichts blieb wie es war!“ Er machte wieder eine Pause. „Alles änderte sich.“ Er machte wieder eine Pause. „Meine Zeit beginnt mit einer Revolution! Mit der Revolution in Frankreich, mit der Französischen Revolution!“ Er machte wieder eine Pause und guckte die anderen erwartungsvoll an, weil er dachte, sie wollten ihm applaudieren. Dann setzte er fort: „Alle Menschen sollten die gleichen Rechte haben, alle sollten frei sein, alle sollten gleich sein, alle sollten Brüder sein. Freiheit – Gleichheit – Brüderlichkeit! Das war die Idee der Revolution. Und das Zeichen dafür war die Jakobinermütze, eine knallrote Mütze mit Zipfel.“

„So eine wie deine? Ist deine Mütze eine Revolutionsmütze?“, fragte der Teufel.

„Nein“, sagte der Heinzel, „meine Mütze ist anders. Ich trage doch eine Heinzelmütze. Wenn ihr eine echte Revolutionsmütze, eine Jakobinermütze, sehen wollt, müsst ihr in das Kölnische Stadtmuseum gehen. Da ist eine ausgestellt.“

Das Zeichen der Französischen Revolution war die Jakobinermütze.

„Och nö“, sagte der Teufel und spuckte auf den Boden. „Da gehe ich jetzt nicht noch mal rein. Da war ich doch schon.“

„Nur für eine rote Zipfelmütze gehe ich auch nicht noch mal da hin“, sagte Emma Elf.

„Dann kann ich ja weiter machen“, sagte der Heinzel. „Eines Tages waren die französischen Revolutionstruppen auch vor Köln aufmarschiert. Es konnte nicht mehr lange dauern, bis sie direkt vor den Stadttoren standen und es zu einer fürchterlichen Schlacht kommen würde. Man hörte in Köln schon die Kanonen donnern. Was sollten die Kölner tun? Gegen den Feind kämpfen oder sich ergeben? – Das war jetzt die Frage!"

„Ich hätte gekämpft", sagte Mercur. „Ergeben ist feige."

„Quatsch", sagte Emma. „Ergeben ist nicht immer feige. Bei einer Schlacht gibt es doch viele Tote. Vielleicht waren die Franzosen in der Übermacht und es hätte gar keinen Zweck gehabt, gegen sie zu kämpfen. Man muss doch erst mal überlegen, ob kämpfen überhaupt was bringt."

„Die französischen Revolutionäre kamen mit zwölftausend Soldaten!", ergänzte der Heinzel.

„Zwölftausend?", fragte Mercur ungläubig.

„Und was haben die Kölner gemacht?", hakte der Teufel nach.

„Am Morgen des 6. Oktober 1794 hat der Bürgermeister sich mit einer kleinen Begleitmannschaft in eine Kutsche gesetzt, die von weißen Pferden gezogen wurde. Dann ist er durch das Hahnentor die Aachener Straße entlang nach Melaten gefahren. Dort hat er den heranrückenden französischen Truppen verkündet: ‚Köln ergibt sich! Ohne Bedingung!' Dann kehrte er nach Köln zurück. Am Nachmittag nahm der Bürgermeister den Ring mit den neun Stadtschlüsseln an sich, fuhr erneut zum Hahnentor und übergab ihn dem französischen General. Das war das Zeichen für die bedingungslose Kapitulation. – Dann marschierten die französischen Soldaten in Köln ein! Aber es waren keine Männer in ordentlichen Uniformen und mit schlagkräftigen Waffen, sondern zerlumpte und halb verhungerte Gestalten mit zerrissenen Hosen und Jacken. Manche sogar ohne Schuhe, mit nackten Füßen. Köln war nun zum ersten Mal seit neunhundert Jahren von feindlichen Truppen besetzt."

Am 6. Oktober 1794 übergab der Bürgermeister dem französischen General die Stadtschlüssel.

„Was? Soldaten mit bläck Fööss, mit nackten Füßen, besetzten unsere Stadt, die seit fast tausend Jahren frei war? Die Stadt war doch seit den Normannen nicht mehr erobert worden", wunderte sich der Teufel und fragte weiter nach: „Und die hatten auch jetzt über alles zu bestimmen? Und die Kölner mussten machen, was die Franzosen wollten?"

„Genau", sagte der Heinzel. „Die Kölner mussten dafür sorgen, dass die Soldaten verpflegt wurden und etwas zu essen und zu trin-

Auf dem Neumarkt wird 1794 ein Freiheitsbaum errichtet.

Neuzeit

ken hatten. Sie mussten auch dafür sorgen, dass sie eine Unterkunft hatten, ein Bett zum Schlafen oder wenigstens einen Strohsack. – Dann stellten die Franzosen auf dem Neumarkt einen langen Baumstamm auf, der oben mit Fahnen und mit einer Jakobinermütze geschmückt war. Das war der Freiheitsbaum, das Zeichen für die Freiheit und die Revolution. Alle wichtigen Kölner mussten dann dreimal um den Baum herumgehen und rufen: ‚Es lebe die Freiheit, es lebe die Republik', obwohl die Kölner doch gar nicht frei waren, sondern besetzt."

„Die Franzosen haben in Köln die Hausnummern eingeführt, hab' ich mal irgendwo gelesen", sagte Emma Elf.

„Stimmt nicht! Hausnummern gab es schon vorher. Aber die Franzosen haben die Häuser noch mal gezählt. Es waren genau 7 404 Häuser und fast zweihundert Gebäude, die zu Kirchen und Klöstern gehörten. Sie haben auch alle Straßennamen ins Französische übersetzt und jetzt hieß die Zeughausstraße auch *Rue de l'Arsenal* oder die Hahnenstraße *Rue de cocs,* der Buttermarkt *Marche au beurre.* Der Neumarkt bekam einen ganz neuen Namen. Siegesplatz hieß er von nun an oder auf Französich *Place des victoires*", erklärte der Heinzel.

Straßenschild am Zeughaus aus der Zeit der französischen Besetzung Kölns.

„Wurde in Köln dann nur noch französisch gesprochen?", bohrte Emma Elf weiter.

„Nein, nicht nur, aber auch. Manche französischen Wörter haben Spuren in der kölschen Sprache hinterlassen."

„Sag uns mal ein Beispiel", forderte Emma den Heinzel auf.

„Die Kölner haben zu einem Polizisten ‚Schaschant' gesagt. Und auf französisch heißt das *sergeant.*"

„Aha, und weiter?"

„Zu einem Federbett haben sie ‚Plümmo‘ gesagt und auf Französisch heißt es *plumeau*. Und zu Johannes und Hans haben sie ‚Schäng‘ gesagt. Und auf Französisch heißt es *Jean*. Und zu mir hätten sie ‚Einzel‘ anstatt Heinzel gesagt.“

„Äh, warum das denn?

„Weil das ‚H‘ im Französischen meistens nicht ausgesprochen wird.“

Plötzlich stellte der Heinzel sich in Positur. Er stellte das linke Bein vor und wölbte seine Brust nach vorne. Er streckte den Hals und ließ den rechten Arm lässig nach unten baumeln. Den linken Arm winkelte er an und schob die Hand zwischen die Knöpfe in die Weste. „Wer bin ich? Ich trage einen Hut mit drei Spitzen, schwarze Stiefel bis zum Knie, weiße enge Hosen und einen Uniformrock“, sagte er dann.

„Ich sehe nur eine Heinzelmütze und keinen Hut. Ich sehe keine Stiefel und auch keine Uniformjacke“, sagte der Teufel lustlos.

„Das sollst du dir doch vorstellen“, sagte Emma ungehalten.

Die Statuette Napoleons ist aus Ton und etwa einen halben Meter groß.

Mercur wusste es nicht und der Teufel auch nicht. Nur Emma antwortete:

„Du bist der große Feldherr Napoleon Bonaparte. Napoleon, Kaiser der Franzosen.“

„Genau!“, sagte der Heinzel und lockerte seine Glieder. „Napoleon war zweimal in Köln und man jubelte ihm zu und schrie: ‚Es lebe der Kaiser.‘ Denn er hatte halb Europa besiegt. Aber als er schließlich mehrere Schlachten verlor, war es vorbei mit ihm und die Franzosen mussten sich vom Rhein und von Köln zurückziehen.“

„Wie lange haben die Franzosen denn die Stadt Köln besetzt? Ein Jahr? Zwei Jahre? Fünf Jahre?“, wollte Mercur wissen.

Große Veränderungen für Köln

Die Franzosenzeit brachte viele Neuerungen und Veränderungen. Jeder musste jetzt morgens die Straße fegen und abends für eine Straßenbeleuchtung sorgen. Eine Müllabfuhr wurde eingerichtet. Die Toten durften aus gesundheitlichen Gründen nicht mehr in der Stadt auf den kirchlichen Friedhöfen begraben werden, sondern mussten außerhalb der Stadt auf dem Friedhof Melaten beigesetzt werden. Weil die Kirche keine Macht mehr im Staate haben sollte, wurden viele Gotteshäuser abgerissen. Die Klöster wurden aufgelöst und kamen in den Besitz des Staates. Die Gebäude wurden für andere Zwecke genutzt, zum Beispiel als Kaserne für die Soldaten, Krankenhäuser, Heime für Bettler, Lagerräume oder Werkstätten und Fabriken. Der Kölner Dom diente als Gefangenenlager, als Pferdestall und als Getreide- und Futterlager. Juden und Protestanten bekamen das Bürgerrecht und durften ihre Religion frei ausüben. Es herrschte ein neues Recht, mit neuen Gesetzen, nach dem jeder gleich behandelt werden sollte. Das neue Recht, der ‚Code Civil', garantierte jedem die Freiheit, das Recht auf Eigentum und das Recht, Verträge zu schließen und sich wirtschaftlich zu betätigen.

„Nein", sagte der Heinzel, „es waren zwanzig Jahre. Die Kölner hatten sich an sie gewöhnt und ließen sie nicht gerne wieder abziehen. Die letzten Soldaten zogen auf dem gleichen Weg ab, auf dem sie gekommen waren. Am nächsten Tag schon rückten die Preußen in Köln ein und Köln wurde zu einer preußischen Stadt."

„Kannst du nicht mal eine Geschichte erzählen?", fragte der Teufel plötzlich den Heinzel.

„Nö", antwortete der Heinzel, „ich kenne keine und es gibt auch keine."

„Gibt es denn in der Stadt irgend etwas, das an die Franzosen erinnert? Ein Gebäude oder ein Denkmal oder sonstige Reste?", fragte Mercur.

„Nö, gibt es nicht."

„Auf dem Roncalliplatz, bei der Buchhandlung, ist eine Tafel aus Bronze in den Boden eingelassen. Darauf kann man sehen, dass um den Dom herum früher noch vier Kirchen standen, die in der Franzosenzeit abgebrochen worden sind", sagte Emma Elf.

Liebhaber und Sammler

In den Kirchen und Klöstern der Stadt gab es zahlreiche Kunstwerke. Alte Gemälde, geschnitzte Heiligenfiguren, Gold- und Silbergefäße, kostbare Reliquienbehältnisse und vieles mehr. Als die Franzosen die Klöster auflösten und viele Kirchen wegen Baufälligkeit abrissen, wurden diese Kunstwerke verkauft oder für wenig Geld an Trödler gegeben. Einige Kunstsammler wollten sie aber für die Stadt erhalten. Darunter war der Sammler Ferdinand Franz Wallraf, der viele Bilder und andere Kunstwerke rettete und der Stadt Köln schenkte. Der reiche Kaufmann Johann Heinrich Richartz gab der Stadt das Geld, um ein Museum zu bauen, in dem die Schätze ausgestellt werden konnten. Das Wallraf-Richartz-Museum steht heute in der Nähe des Rathauses. Es ist bereits sein dritter Standort. Neben vielen Bildern des Mittelalters zeigt es auch Werke aus späterer Zeit bis zum Ende des 19. Jahrhunderts.

oben: Bronzestatue von Johann Heinrich Richartz (1795–1861), der das Geld für einen Museumsbau spendete.

Das 4711-Haus in der Glockengasse.

„Du willst doch wohl jetzt nicht extra dahingehen, nur um eine Bodenplatte anzusehen?", stänkerte der Teufel.

„Mir ist noch was anderes eingefallen", meldete sich Emma Elf. „Es gibt das Glockenspiel am 4711-Haus. Es spielt die französische Nationalhymne, die Marseillaise. Und während des Spiels laufen Figuren französischer Soldaten im Kreis herum. Im Haus ist eine Ausstellung über Kölnisch Wasser und ein Brunnen, aus dem ‚Echt Kölnisch Wasser' fließt."

„Gehen wir dahin?", fragte Mercur freudig. Aber niemand hatte Lust mitzugehen.

Vor zweihundert Jahren – die Preußen in Köln

„Habe ich das richtig behalten, dass Köln zwanzig Jahre lang von den Franzosen besetzt war?", fragte der Teufel den Heinzel und kratzte sich dabei am Kopf.

„Richtig behalten", bestätigte der Heinzel, der keine Ahnung hatte, worauf der Teufel hinauswollte.

„Und deine Zeit hat mal gerade so etwa hundert Jahre gedauert. Ist das richtig?"

„Ja, etwas länger. Und?", fragte der Heinzel und zuckte ahnungslos mit den Schultern.

„Ich will dir was sagen", begann der Teufel, „wenn du von zwanzig Jahren Franzosenzeit schon sooooo viel erzählst und sooooo viel Zeit brauchst, wie viel erzählst du denn von den nächsten hundert Jahren? Und wie lange brauchst du dazu? Kann da überhaupt noch jemand zuhören? Wird das nicht super-langweilig? Dabei pennen wir doch glatt ein! Das ist doch niiiemals interessant!"

„Was willst du damit sagen?", wehrte sich der Heinzel.

„Ich will sagen, dass du nicht jede Einzelheit erzählen kannst. Das interessiert auch niemanden. Stell dir vor, ich hätte von den tausend Jahren Mittelalter und den dreihundert Jahren nach dem Mittelalter jede Einzelheit erzählt. Was meinst du, wie lange ich dazu gebraucht hätte? Eine Ewigkeit hätte das gedauert!"

„Da muss ich dem Teufel Recht geben", meldete sich Mercur, „obwohl ich selten seiner Meinung bin, wie ihr wisst. Aber ich habe mich auch auf das Wichtigste beschränkt. Vom römischen Köln gäbe es noch viel, viel, viel, viel mehr zu berichten."

„Ja, ja. Aber in meinem Jahrhundert ist soooo viel passiert, wie bei euch in tausend Jahren nicht", verteidigte sich der Heinzel.

„Ich glaube, du übertreibst und willst dich nur wichtig machen", schnauzte der Teufel den Heinzel an. „Mach mal voran. Von hundert Jahren ist schnell erzählt. Ich wäre in fünf Minuten damit fertig."

„Angeber, Aufschneider, Blödmann! Lass doch den Heinzel in Ruhe", sagte Emma Elf zum Teufel.

Neuzeit

Aber der Heinzel ließ sich nicht aus der Ruhe bringen. „Ich mache euch jetzt zuerst mit den preußischen Herrschern bekannt. Wir gehen getrennt und treffen uns ‚ungerm Stätz'."

„Wo ist denn ‚ungerm Stätz'?", fragte der Teufel ungehalten.

„Ungerm Stätz ist Ungerm Stätz", antwortete ihm der Heinzel spitz. „Am Hinterteil vom Pferd, genauer gesagt unter dem Schweif des Reiterstandbildes von König Friedrich dem Dritten von Preußen. Es steht auf dem Heumarkt. An der Südseite. Bis dann. Wir sehen uns", sagte der Heinzel patzig, drehte sich um und ging.

‚Ungerm Stätz'

Der Heinzel saß auf dem oberen Sockel des Reiterdenkmals unter dem Pferdeschweif und wartete. Er ließ seine Beine über dem Kopf eines preußischen Staatsmannes baumeln, der neben anderen Generälen und Staatsmännern überlebensgroß in Bronze auf dem unteren Sockel stand.

Das Reiterstandbild auf dem Heumarkt: Friedrich Wilhelm III. von Preußen.

Plötzlich bremste ein Taxi mit quietschenden Reifen und Emma Elf sprang heraus.

„Du sitzt ja genau über dem Heinrich Friedrich Karl Reichsfreiherr von und zu Stein", rief Emma Elf dem Heinzel zu.

„Woher weißt du das?", fragte der Heinzel erstaunt.

„Ich weiß noch mehr", gab Emma Elf zur Antwort. „Der stammte aus einem alten Rittergeschlecht und war preußischer Minister. Ihm haben wir zu verdanken, dass die Städte sich selbst verwalten dürfen. Aber der soll sehr ungerecht gewesen sein und er hatte auch keine Geduld. Er war wohl nicht sehr sympathisch."

„Also, woher weißt du das?", fragte der Heinzel erneut.

„Das kannst du in einem dicken Buch über das Denkmal nachlesen. Das Buch hat fast tausend Seiten", antwortete Emma Elf.

Dann sahen sie den Teufel.

„Du Wahnsinniger!", schrie er dem Heinzel schon von weitem entgegen. „Wie kann man sich hier verabreden?

Dieser Platz ist schlimmer als die Hölle, der ist die Hölle auf Erden. Dieser Verkehr, diese Autos, diese Straßenbahnen, diese Omnibusse! Diese verpestete Luft und der Höllenlärm!" Der Teufel war sehr erregt. Er stand mit eingekniffenem Schwanz vor dem Heinzel, blickte nervös um sich und zuckte zusammen, wenn die Autos an der grünen Ampel starteten und die Straßenbahnen auf die Brückenrampe und über die Deutzer Brücke fuhren.

„Sieh mal an", sagte der Heinzel, „unser Herr Teufel. Wie empfindsam der sein kann!"

Jetzt stand auch Mercur bei ihnen. Woher er gekommen war, wusste keiner.

„Sehr schön, diese Reiterfigur. Sehr schön! So groß, so riesig, so erhaben! Diese Haltung des Königs auf dem Pferd! Diese Uniform, diese Würde! Dieser Blick des Königs über den Rhein nach Osten gerichtet! Das gefällt mir. Ich liebe solche Denkmäler. Zu meiner Zeit ließen die Herrscher sich auch verewigen und überall im Römischen Reich Statuen von sich aufstellen – zu Werbezwecken, versteht sich. Sie wollten sich beim Volk beliebt machen. Entschuldigung, Heinzel, aber welcher Herrscher ist hier noch verewigt?"

Neuzeit

König Friedrich Wilhelm III. reitet nach Osten. Das Zepter in seiner Hand wird vom preußischen Adler bekrönt.

„Der preußische König Friedrich Wilhelm III. aus der Familie der Hohenzollern“, antwortete der Heinzel und sprang vom Sockel. „Der hat Köln und das Rheinland von der französischen Herrschaft befreit. Aber nicht dass ihr glaubt, die Kölner wären froh darüber gewesen. Sie mochten die Preußen zuerst nicht. Sie waren genau das Gegenteil der Kölner. Die Kölner waren katholisch, die Preußen protestantisch. Die Kölner waren großzügig, die Preußen sparsam. Die Kölner waren nachgiebig, die Preußen streng. Die Preußen waren militärisch und achteten auf Zucht und Ordnung. Sie wollten Untertanen und keine denkenden Menschen, die mitbestimmten. Aber das Schlimmste für die Kölner war, dass sie keinen Spaß verstanden und auch nicht lustig waren.“

Köln – eine preußische Stadt

Die Kölner waren nicht gerade begeistert darüber, dass sie seit 1815 zum Königreich Preußen gehörten. Die Preußen bauten Köln schnell zu ihrer größten Festungsstadt am Rhein aus. Am Neumarkt und in Deutz entstanden große Kasernen für Fuß- und Reitersoldaten. Bald waren mehr als tausend Soldaten in Köln stationiert. Auf dem Neumarkt wurde exerziert und stramm gestanden. Überall in der Stadt waren Soldaten in blauen Uniformröcken zu sehen. Die mittelalterliche Stadtmauer wurde modernisiert und im Abstand von etwa fünfhundert Metern ein neuer Festungsring mit elf großen Forts angelegt. Heute erinnern die Straßennamen Neusser Wall, Krefelder Wall, Venloer Wall, Zülpicher Wall und Bonner Wall an dieses Festungswerk. Das Fort X im Norden von Köln, am Neusser Wall, ist bis heute am besten erhalten.

Fort X der preußischen Befestigungsanlagen am Neusser Wall ist mit den Straßenbahnlinien 6, 12 und 15 ab Ebertplatz, Haltestelle Lohsestraße, zu erreichen.

Denkmal für die gefallenen Kölner Soldaten des Ersten Weltkrieges.

Denk – mal !

„Der preußische König Friedrich Wilhelm III. war einer der größten Holzköpfe, die je als Könige regiert haben", sagte Emma Elf plötzlich. „Das habe ich mal irgendwo gelesen. Das hat Friedrich Engels gesagt, der sich zu dieser Zeit besonders für die Belange der Arbeiter eingesetzt hat."

„Darf man so über einen König reden?", fragte der Heinzel verwirrt.

„Wenn es wahr ist", sagte der Teufel.

„Ja, aber man muss doch nicht alles sagen, was wahr ist. Schließlich war er ein deutscher König", empörte sich Mercur.

„Wisst ihr was, mir ist das egal", sagte Emma Elf. „Ich kann nichts dazu sagen. Ich kenne mich da zu wenig aus. Das müssen die Historiker beurteilen. Das sind die Fachleute dafür. Könige und Reiterstandbilder imponieren mir sowieso nicht. Sie erinnern mich nur daran, dass es mal andere Zeiten als heute gab."

„Und die anderen preußischen Herrscher? Wo sind die zu sehen", erkundigte sich Mercur.

„An der Hohenzollernbrücke. Zwei sind auf der Kölner Seite. Die zwei, die auf der Deutzer Seite stehen, besuchen wir jetzt mal." Sie gingen über die Deutzer Brücke. Der Teufel zeterte und schimpfte bei jedem Schritt. Aber damit wollte er nur seine Angst verbergen, denn er spürte jedes Wackeln und Zittern der Brücke, wenn eine Straßenbahn darüber fuhr. „Da ist wieder ein Reiterdenkmal", sagte Mercur, als sie weiter am Ufer entlanggingen. „Welcher Herrscher sitzt da auf dem Pferd?"

„Überhaupt kein Herrscher. Das ist ein Kriegerdenkmal für die Kölner Soldaten, die im Ersten Weltkrieg gekämpft haben und umgekommen sind. Sie wurden von den Kölnern ‚Mählsäck' genannt."

Helme der preußischen Soldaten, auch „Pickelhauben" genannt.

„Mählsäck?", fragte Mercur.

„‚Mählsäck' sind Mehlsäcke, Säcke mit Mehl drin, und diese Säcke sind weiß. Die Deutzer Kürassiere trugen nämlich unter ihrem Brustpanzern aus poliertem Eisen weiße Uniformen", klärte der Heinzel auf.

Die Deutzer Kürassiere wurden ‚Mählsäck' genannt, weil sie weiße Uniformen trugen.

Sie gingen am Hyatt-Hotel vorbei die breiten Treppen zur Hohenzollernbrücke hoch. Dann standen sie am Denkmal des preußischen Kaisers Wilhelm I., der mit wehendem Umhang auf seinem Pferd saß. Sie mussten ihre Köpfe schon weit in den Nacken legen, um in das kaiserliche Antlitz sehen zu können, denn das Reiterdenkmal war riesig.

„Wo reitet der hin?", fragte Mercur.

„Nach Osten. Nach Berlin. Da stand sein Schloss."

„Drüben hinter den Bahngleisen steht König Friedrich Wilhelm IV.", erklärte der Heinzel. Sie konnten das Denkmal aber nur durch das Gewirr von Oberleitungen und über die Züge hinweg sehen.

„Und wo reitet der hin?", fragte Mercur wieder.

„Der reitet auf seinen geliebten Dom zu. Als er noch Kronprinz war, hat er schon vom Dom geschwärmt und versprochen, ihn zu Ende zu bauen, wenn er König ist."

„Ich hab' bald genug von diesen preußischen Herrschern. Die Namen behalte ich sowieso nicht. Können wir nicht weitergehen?", maulte Emma Elf. Mercur tat so, als ob er sich immer noch dafür interessieren würde, aber das stimmte nicht. Sie machten sich auf und gingen über die Hohenzollernbrücke zur Kölner Seite. Der Teufel schlurfte mit bleichem Gesicht und hängenden Schultern hinter den anderen her. Er ächzte und stöhnte, denn auch die Eisenbahnbrücke wackelte und zitterte, weil ständig Züge darüber fuhren. Als sie drüben waren, blieb der Heinzel am Denkmal von Wilhelm II. stehen. „Das war der letzte Kaiser in Deutschland", sagte er. „Auf der anderen Seite steht Friedrich III."

„Reiterstandbilder sind blöd", meldete sich der Teufel. „Zu meiner Zeit im Mittelalter hat es solche Denkmäler für Herrscher in Köln nicht gegeben. Die Bürger haben ihre Stadt selbst regiert. Sie brauchten keinem Herrscher ein Denkmal zu setzen. Es gab nur ein Denkmal in Köln und das war das Denkmal an der Ulrepforte. Das zeigt ein wahres Ereignis, den einzigen Überfall auf die Stadt in siebenhundert Jahren, den die Kölner Bürger erfolgreich abgewehrt haben. Was soll das Denkmalsetzen überhaupt? Ich hab doch auch kein Denkmal!"

„Aber die Maus hat eins!“, rief Emma Elf fröhlich. „An der Nord-Süd-Fahrt am Haus vom WDR. Da hängt sie an der Hausecke der WDR-Arkaden.“

„Ich hab‘ auch eins“, sagte der Heinzel bescheiden. „Am Heinzelmännchenbrunnen in der Straße Am Hof, nahe beim Dom.“

„Ich denke, du bist kein Heinzelmännchen“, sagte Emma Elf erstaunt. „Du hast doch gesagt, du bist der Heinzel Mann.“

„Ja, das stimmt schon. Aber irgendwie fühle ich mich mit diesen kleinen Wichten verwandt.“

„Die Heinzelmännchen kennt jedes Kölner Kind“, sagte Emma.

„Ich will nicht unbescheiden sein“, antwortete der Heinzel, „aber auch alle Erwachsenen kennen die Heinzelmännchen von Köln.“

Die Maus an den WDR-Arkaden.

unten: Die neue Rheinbrücke in Köln von 1859 bekam sofort den Spitznamen ‚Mausefalle‘.

Neuzeit

Die Hohenzollernbrücke

Im Jahr 1859 legte der preußische König Friedrich Wilhelm IV. den Grundstein zu einer Eisenbahnbrücke, der Dombrücke. Aber kein Mensch sprach von der Dombrücke, denn alle nannten sie ‚Muusfall‘, weil sie durch ihre Bauweise an eine Mausefalle erinnerte. Es war die erste feste Brücke über den Rhein seit der Römerzeit. Der König hatte sich gewünscht, dass diese Brücke genau auf den Kölner Dom zuführt. Auch der Bau des Hauptbahnhofs gleich neben dem Kölner Dom war ein königlicher Beschluss. Später fuhren so viele Züge über die Brücke, dass zwei Gleise nicht mehr ausreichten. Deshalb wurde eine neue Brücke gebaut und der König gab ihr bei der pompösen Einweihungsfeier den Namen ‚Hohenzollernbrücke‘, weil er selbst aus dem Herrschergeschlecht der Hohenzollern stammte.

Sie gingen von der Hohenzollernbrücke am Museum Ludwig und am Domchor vorbei, quer über den Roncalliplatz zum Heinzelmännchenbrunnen.

„Wenn die Frau nicht so neugierig gewesen wäre und Erbsen gestreut hätte, kämen die Heinzelmännchen heute noch jede Nacht und würden die Arbeit machen", sagte der Heinzel. „Das glaubst du doch selbst nicht!", antwortete Emma Elf und lachte.

„Es wäre aber schön!"

„Stimmt!", pflichtete ihm Emma bei.

Die Heinzelmännchen von Köln

So beginnt das Gedicht von den hilfreichen Heinzelmännchen von August Kopisch:

Wie war es doch in Köln vordem
mit Heinzelmännchen so bequem!
Denn war man faul – man legte sich
hin auf die Bank und pflegte sich:
Da kamen bei Nacht,
eh' man's gedacht,
die Männlein und schwärmten
und klappten und lärmten
und rupften
und zupften
und hüpften und trabten
und putzten und schabten,
und eh' ein Faulpelz noch erwacht,
war all sein Tagewerk – bereits gemacht!

Und so endet das Gedicht:

Neugierig war des Schneiders Weib
und macht sich einen Zeitvertreib:
Streut Erbsen hin die and're Nacht,
die Heinzelmännchen kommen sacht;
eins fährt nun aus,
schlägt hin im Haus,
die gleiten von Stufen
und plumpen in Kufen,
die fallen
mit Schallen,
die lärmen und schreien
und vermaledeien!
Sie springt hinunter auf den Schall
mit Licht: husch, husch, husch! – verschwinden all'!

O weh, nun sind sie alle fort
und keines ist mehr hier am Ort!
Man kann nicht mehr wie sonsten ruh'n,
man muss nun alles selber tun!
Ein jeder muss fein
selbst fleißig sein
und kratzen und schaben
und rennen und traben
und schniegeln
und biegeln
und klopfen und hacken
und kochen und backen.
Ach, dass es doch wie damals wär'!
Doch kommt die schöne Zeit nicht wieder her.

Im preußischen Köln waren viele Denkmäler für Herrscher und Helden aufgestellt worden. Im Gegensatz dazu wollte der Verschönerungsverein an Sagen und Legenden der Stadt erinnern. Deshalb ließ der Verein das Denkmal von den Heinzelmännchen und der neugierigen Schneidersfrau im Jahr 1899 aufstellen.

Darstellungen vom Heinzelmännchenbrunnen in der Straße Am Hof.

Wie der Blitz kletterte der Heinzel plötzlich über das Geländer vor dem Brunnen. Er sprang über die Blumenrabatten auf den Brunnenrand und schwang sich von dort aus auf die Treppenstufen des Brunnens. Dann war er plötzlich wie erstarrt und versteinert und blieb minutenlang ohne die geringste Bewegung stehen. Es schien so, als gehörte er zum Denkmal. Mercur und Emma Elf waren völlig überrascht. Die rote Heinzelmütze leuchtete und die Leute blieben vor dem versteinerten Heinzel stehen und machten Fotos. Der Heinzel bewegte sich nur einmal kurz und danach erstarrte er sofort wieder für etliche Minuten. Dann löste er sich plötzlich aus der Erstarrung und verbeugte sich vor dem Publikum. Alle klatschten und der Heinzel verbeugte sich noch ein zweites und ein drittes Mal. Dann stieg er die Treppe wieder hinunter, kletterte auf den Brunnenrand, sprang über die Blumenrabatten und stieg über das Gitter.

„Wie bist du denn auf die Idee gekommen?“, fragte Emma Elf.

„Das macht mir Spaß! Ich spiele für mein Leben gern Theater“, antwortete ihr der Heinzel.

„Aber auf Denkmälern darf man nicht rumklettern“, sagte Mercur.

„Ja, ja. Ich weiß“, antwortete der Heinzel. „Wo ist eigentlich der Teufel?“, fragte er dann, um von sich abzulenken.

Der Jan-von-Werth-Brunnen auf dem Alter Markt.

Sie guckten um sich. Aber sie sahen ihn nicht.

„Der geht doch nicht am Dom vorbei. Der ist einen anderen Weg gegangen“, sagte Emma Elf.

In diesem Moment hörten sie vom Eiscafé an der Ecke ein kleines Mädchen nach seinem Eis schreien. Kurz danach ging der Teufel an ihnen vorbei. Er hielt ein Eishörnchen in der Hand und leckte voll Wonne mit seiner glutroten Zunge am weißen Vanilleeis.

„Mir fällt was ein. Ich zeige euch noch ein Denkmal. Ich zeige euch den Jan-von-Werth-Brunnen auf dem Alter Markt.“ – „Da oben steht der Held“, sagte der Heinzel, als sie vor dem Brunnen standen. „Er ist sehr beliebt bei den Kölnern, weil er ihnen geholfen hat, die Feinde zu vertreiben, die den Handel auf dem Rhein störten. Zum Dank hat ihm die Stadt Köln eine goldene Kette geschenkt.“

„Es gibt doch auch eine Karnevalsgesellschaft, die sich Jan von Werth nennt“, sagte Emma Elf. „Sie spielen an Weiberfastnacht die Geschichte von Jan und Griet am Severinstor nach.“

„Welche Geschichte?“, fragte der Teufel, der gerade am Brunnen angekommen war. Er hatte sich überall mit dem Eis bekleckert. „Endlich, endlich mal wieder eine Geschichte. Kannst du die mal erzählen?“

Darstellung von Jan und Griet auf dem Jan-von-Werth-Brunnen.

Die Geschichte von Jan und Griet

Auf dem Kümpchenshof in Köln lebten die Magd Griet und der Knecht Jan. Eines Tages spürte Jan, dass es ihm ganz warm ums Herz wurde und es zu klopfen begann, wenn er der hübschen Griet bei der Arbeit begegnete. Jan war bis über beide

ıren in Griet verliebt. Er traute sich aber nicht, es ihr zu sagen. Er war zu ıüchtern. Es dauerte eine Zeit, bis er sich ein Herz fasste und Griet von seinen ;fühlen erzählte. „Ich möchte, dass du meine Frau wirst. Willst du mich heira- ı?“, fragte er Griet. Sie guckte Jan von oben bis unten an und sagte dann spitz: ›u bist doch nur ein Knecht. Ich will einen reichen Gutsherrn heiraten, der viel nd besitzt und Kühe und Ochsen und Pferde im Stall hat. Nein, einen armen ann will ich nicht. Dich heirate ich nicht.“ Jan war wie vor den Kopf geschlagen d tief verletzt. Noch in der Nacht verließ er den Kümpchenshof und ging zu den Soldaten, denn jener Zeit herrschte nicht weit von Köln Krieg.

ı wurde ein harter Krieger. Er stieg bis zum General auf, genoss hohes Ansehen und gab die Be- le. Griet wartete vergebens auf ihren reichen Bauern und unterdessen wurde sie unzufrieden und ıkisch. Mit der Zeit wurde sie alt und ihre Schönheit war dahin. Sie blieb auch nicht auf dem mpchenshof. Jeden Tag zog sie zum Severinstor und verkaufte dort Obst und Gemüse. Mürrisch ; sie vor ihren schrumpeligen Äpfeln, den Mohrrüben und Kohlköpfen und träumte von ihrem :hen Bauern.

Eines Tages sprengte ein Reitertrupp durch das Severinstor. Der Anführer war ein stattlicher Mann in einer prächtigen Uniform, mit hohen Stiefeln und langen Federn am Hut. Die Leute blieben stehen und verneigten sich ehrerbietig vor dem General. Auch Griet erhob sich von ihrer Holzkiste, auf der sie saß – und erkannte ihn. Es war Jan, der hoch zu Ross als stolzer General in die Stadt einritt. Plötzlich zügelte er sein Pferd, beugte sich zu Griet hinunter und fragte: „Bist du nicht die Griet?“ Dann erinnerte er sich an die Abfuhr, die Griet ihm vor vielen Jahren erteilt hatte, und sagte: „Wenn du gewusst hättest, das ich einmal ein großer General werde …“ Griet seufzte, fiel ihm ins Wort und sagte: „… dann hätte ich dich geheiratet.“

Die großen Veränderungen

„Mein lieber Heinzel“, begann Mercur, „du hattest eben schon angedeutet, dass in deinem Jahrhundert so viel passiert ist wie bei uns in tausend Jahren nicht. Ich will nicht unhöflich sein, aber bisher hast du uns nur mit den Heinzelmännchen und preußischen Herrschern bekannt gemacht. Für den Teufel und mich sind Könige und auch Kaiser nun wirklich nichts Besonderes. Ich wäre doch jetzt bald sehr froh, etwas mehr über die preußische Zeit zu erfahren – oder wie sehen der Teufel und Emma das?“

Emma Elf sagte nichts. Sie nickte nur. Der Teufel hatte gar nicht mitbekommen, was Mercur gesagt hatte, denn er beschäftigte sich mal wieder mit Schwanzkämmen, Zähnebohren und Bockshufauskratzen.

„Also“, begann der Heinzel, „ich sage euch jetzt in Stichwörtern, was zu meiner Zeit Wichtiges passiert ist. Und wenn ihr euch das angehört habt, könnt ihr selbst entscheiden, was euch interessiert.“

„Das ist eine sehr gute Idee“, lobte Mercur und auch Emma Elf war damit einverstanden. Vom Teufel kam kein Wort. Er war immer noch mit sich selbst beschäftigt.

Überall qualmen die Schornsteine der Fabriken. An der Stadtmauer bei der Ulrepforte wurden Seile hergestellt. Später wurde daraus die Fabrik Felten & Guillaume.

„Es geht los“, sagte der Heinzel. „Köln wird von den Preußen zur größten Festungsstadt ausgebaut – Erfindung der Dampfmaschine – die ersten Dampfschiffe fahren auf dem Rhein – erster Rosenmontagszug – die Fabrik Felten & Guilleaume wird gegründet – Grundsteinlegung zum Weiterbau des Domes – es werden politische Vereine gegründet – eine Revolution bricht aus, die Menschen wollen eine Demokratie – die Industrialisierung beginnt – die Chemische Fabrik Kalk wird gegründet – die erste feste Brücke seit der Römerzeit wird gebaut, die ‚Muusfall‘ genannt wird – die Synagoge in der Glockengasse wird eingeweiht – in Nippes wird ein Gummiwerk gegründet – Nikolaus August Otto erfindet den Ottomotor und gründet die erste Motorenfabrik der Welt – die Gründung des Deutschen Reiches – Köln entwickelt sich zu einem bedeutenden Industriestandort – das Wasserwerk ist vollendet – der Kölner Dom ist vollendet – mit dem Abbruch der Stadtmauer beginnt die Stadterweiterung – die Ringstraßen sind fertig gestellt – Köln wächst, weil die Vororte nach Köln eingemeindet werden – das Elektrizitätswerk am Zugweg wir eröffnet – der Hauptbahnhof wird eröffnet – Kölner sind begeistert über den Ausbruch des Ersten Weltkrieges.“

Für die Kölner mit jüdischem Glauben stiftete Abraham Oppenheim die Synagoge in der Glockengasse, die 1861 eingeweiht wurde.

Neuzeit

„Aufhören, aufhören! Hör jetzt bitte auf, Heinzel. Das behalten wir nicht“, schrie Emma Elf plötzlich laut auf und hielt sich die Ohren zu.

„Das ist mir auch alles zu viel. Mich interessiert nur, wie es mit dem Kölner Dom weiterging. Schließlich lag ein Fluch auf dem Dom“, sagte der Teufel plötzlich völlig unerwartet.

„Und mich interessiert der erste Rosenmontagszug“, meldete Mercur sich zu Wort. „Ich frage mich nämlich, wie Karneval gefeiert wurde, wenn die Preußen keinen Spaß verstanden und nicht lustig waren.“

„Ich finde den Abriss der Stadtmauer interessant“, sagte Emma Elf.

„Und mein Spezialgebiet sind die Fabriken, die Arbeit und das Leben der Menschen“, sagte der Heinzel. „Davon kriegt ihr mit Sicherheit auch etwas zu hören!“

Köln platzt aus allen Nähten – der Abbruch der Stadtmauer

„Sag mir mal die Namen der Ringstraßen, auf denen die Bahnen mal als Straßenbahn und mal als U-Bahn fahren. Vom Süden bis zum Norden. Und dann noch die Namen der Plätze dazwischen“, sagte der Heinzel zu Emma Elf.

„Was soll das denn, willst du mich prüfen?“, entgegnete Emma.

„Wetten, dass du nicht alle Namen weißt?“

„Und? Ist das schlimm? Warum soll ich das denn auswändig wissen? Ich kann doch auf dem Stadtplan nachgucken oder im Internet. Oder jemanden fragen.“

„Stimmt“, sagte der Heinzel, „aber weil die Ringstraßen dem Verlauf der mittelalterlichen Stadtmauer folgen, sollte man auch die Namen kennen.“

„Jetzt benimmst du dich auch noch wie ein Lehrer, wie ein Oberlehrer. Genau wie Mercur“, empörte sich Emma Elf. „Man kann doch nicht alles wissen.“

„Schon gut“, beruhigte der Heinzel sie.

Entlang der alten Stadtmauer

Namen der Ringstraßen von Süden nach Norden	Namen der Plätze von Süden nach Norden
Ubierring Karolingerring Sachsenring	Chlodwigplatz
Salierring Hohenstaufenring	Barbarossaplatz
Habsburgerring	Rudolfplatz
Hohenzollernring Kaiser-Wilhelm-Ring	Friesenplatz
Hansaring Theodor-Heuss-Ring	Ebertplatz

„Stell dir mal vor, Heinzel, wenn die Kölner die mittelalterliche Stadtmauer nicht abgerissen hätten, dann könnte man heute oben auf der Mauer im Halbkreis von Rheinufer zu Rheinufer spazieren! Das wäre doch 'ne Wucht, eine einzigartige Attraktion, ein Erlebnis", sagte Emma Elf.

„Aber man hätte die Stadt doch nicht vergrößern können, wenn die Mauer stehen geblieben wäre. Die platzte doch aus allen Nähten. Es war doch alles zugebaut innerhalb der Mauer und die Abgase aus den Fabriken verpesteten die Luft", entgegnete der Heinzel.

„Warum denn nicht? Die Mauer hätte doch stehen bleiben können und dahinter wäre die Stadt weiter gewachsen."

„Eine Mauer mitten in der Stadt? Und der Verkehr? Und die Kosten für die Reparaturen und die Erhaltung?", fragte der Heinzel entgeistert.

„Dafür hätten sich auch Lösungen gefunden", erwiderte ihm Emma.

„Aber der Oberbürgermeister Becker, die Politiker und viele Bürger wollten, dass die Mauer verschwand. Sie wollten die Stadt öffnen. Sie wollten eine moderne Großstadt und waren froh, als das alte, düstere Gemäuer endlich beseitigt wurde. Der Oberbürgermeister hat selbst die Sprengladung gezündet. ‚Unter dumpfem Knall hob sich ein zehn bis elf Meter breites Mauerstück mit einem Halbturm und brach nach allen Seiten auseinander', so stand es damals in der Zeitung. Die Kölner jubelten und feierten ein riesiges Volksfest, so haben die sich gefreut. Aber manche waren auch sauer über den Abriss. Nur mit Mühe konnten sie erreichen, dass wenigstens drei große Tore vor der Zerstörungswut bewahrt blieben. Zum Glück gehörten einige Gebäude der Stadtmauer nicht der Stadt Köln, sonst wären die heute auch nicht mehr da. Zum Beispiel die Bottmühle oder die Gereonsmühle. – Nach der Zerstörungswut folgte die Bauwut. Auf dem Grund und

Neuzeit

Die mittelalterliche Mauer vor dem Eigelsteintor während der Abbrucharbeiten im Jahr 1882.

1889 wurde immer noch am Abriss der Stadtmauer gearbeitet.

Boden der Stadtmauer entstanden in kurzer Zeit die Ringstraßen mit Plätzen, Villen, Wohnpalästen, Wohnhäusern, prächtigen Gebäuden für die Museen, eine Oper, eine Badeanstalt und eine Schule. Die Ringstraßen wurden mit Baumreihen bepflanzt und an den breiteren Abschnitten entstanden Grünanlagen. Eine wunderbare Straße zum Einkaufen, Wohnen und Spazierengehen war das."

„Aber sicher nur für die Reichen", merkte Emma an.

„Sicher. Die weniger Reichen wohnten in Hinterhäusern, unter dem Dach oder unter dem Erdgeschoss im Souterrain, da gab es kaum genügend Licht und Luft. Oder in den Häusern, die in besonderen Vierteln hinter den Ringstraßen entstanden, in der Nähe der Eisenbahn, wo es laut war, oder in der Nähe des Schlachthofes, wo es stank. Als die Neustadt gebaut wurde, konnten die Reichen noch reicher werden."

„Wie meinst du das?", fragte Emma Elf.

„Na ja, wer Geld hatte und klug und geschäftstüchtig war, kaufte sich Grundstücke oder große Geländeflächen und verkaufte sie dann einzeln und viel teurer weiter. Und die Bauern, die früher hinter der Stadtmauer ihre Felder hatten, verkauften diesen Boden jetzt sehr teuer als Bauland für Wohnhäuser, Geschäfte, Betriebe oder Fabriken. Mancher Bauer ist dadurch stinkereich geworden."

„Findest du das gut?", hakte Emma beim Heinzel nach.

„Nein! Aber solche Geschäftemacher, die mit Grund und Boden handeln, gibt es immer."

„Ich glaube, die nennt man Spekulanten", ergänzte Emma Elf.

Der Ebertplatz hinter dem Eigelsteintor um 1900.

Die Vollendung des Kölner Domes – ein Zeichen für die Einheit Deutschlands

„Du weißt sicher, warum zu deiner Zeit im Mittelalter die Arbeiten am Dom vollständig eingestellt wurden?“, fragte der Heinzel den Teufel.

„Ja natürlich“, antwortete der Teufel. „Es lag doch der Fluch auf dem Dom. Er sollte doch nie vollendet werden.“

„Na ja!“, sagte der Heinzel. „Das erzählt man so. Aber es ist eine Legende. Es gab wichtige Gründe, weshalb die Bauarbeiten eingestellt wurden.“

„Glaub‘ ich nicht. Hab‘ ich nie was von gehört“, sagte der Teufel.

„Doch, InDreiTeufelsNamen. Es gab Gründe. Und zwar mehrere“, entfuhr es dem Heinzel und er stampfte mit den Füßen auf. „Es war kein Geld mehr da, verstehst du, keine Knete, kein Moos, kein Schotter. Die Leute haben kein Geld mehr für den Bau gespendet. Sie hatten andere Interessen. Die Zeiten hatten sich geändert.“

Neuzeit

„Und, was noch?“ Gleichgültig ließ der Teufel seine Schwanzquaste durch die Finder gleiten.

„Man fand den Baustil nicht mehr schön. Diese Gotik mit den tausend Zacken und Ziertürmchen, mit den Kreuzblumen, Heiligenfiguren und Steingerippen an den Fenstern, überhaupt alles fand man übertrieben und unmodern. Gotik war ein Schimpfwort. Also gammelte der Dom vor sich hin. Über dreihundert Jahre lang. Der sah wie eine Ruine aus.“

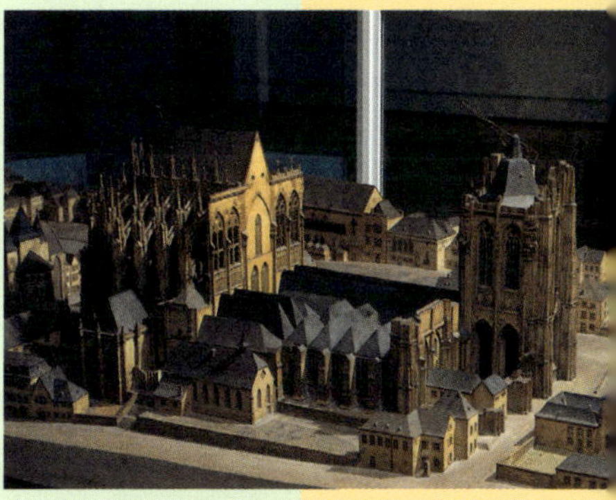

Der unvollendete Dom und die Umgebung um 1800.

„Übertreib mal nicht“, fiel ihm der Teufel ins Wort und machte damit den braven Heinzel so wütend, dass er kein Wort mehr über den Dom verlieren wollte.

„Bitte, Heinzel. Bitte, ich interessiere mich doch für den Dom. Ich will wissen, wie es mit ihm weiterging. Tut mir Leid. Ganz ehrlich. Ich mache auch keine dumme Bemerkung mehr“, bettelte der Teufel.

„Also gut“, lenkte der Heinzel ein.

Vom Traum zur Wirklichkeit

In Köln lebte ein junger Mann mit Namen Sulpiz Boisserée. Der hatte einen Traum. Er wünschte sich, dass der Kölner Dom zu Ende gebaut wird. Zuerst kümmerte er sich unermüdlich darum, dass der Dom erhalten blieb und sorgte für die Reparaturen. Weil nun viele Leute für die vergangene Zeit des Mittelalters schwärmten und ihnen der gotische Baustil wieder gefiel, gelang es ihm, wichtige Leute für seine Idee zu gewinnen. Zum Beispiel den großen Dichter Johann Wolfgang von Goethe, der extra nach Köln kam, um sich den Dom anzusehen. Er war sehr begeistert von der Idee. Der Wichtigste aber war der Kronprinz Friedrich Wilhelm IV. ‚Wenn ich König werde, baue ich den Kölner Dom zu Ende', versprach er. Und als er zu Besuch in Köln war, hätte er am liebsten gleich damit angefangen.

Zuerst wurde aber ein Architekt beauftragt. Er sollte den Bauzustand des Domes überprüfen und danach Pläne für den Weiterbau entwerfen. Die alten Pläne waren über die Jahrhunderte verloren gegangen. Also machte man sich Gedanken, wie die Vorderseite mit den beiden Türmen und alle anderen unvollendeten Teile gestaltet werden sollten. Inmitten dieser Überlegungen trat ein unglaubliches Ereignis ein: In Darmstadt, auf dem Speicher der Gaststätte ‚Zur Traube', fand sich unter getrockneten Bohnen ein Teil des originalen, mittelalterlichen Bauplans für die Fassade des Kölner Domes. Der andere Teil tauchte in Paris auf. Dass so etwas passieren würde, hätte niemand je gedacht – das war einfach zu unvorstellbar! – Als dann Prinz Friedrich Wilhelm IV. den Thron bestieg und König von Preußen wurde, dauerte es nicht lange und er kam erneut nach Köln: dieses Mal, um den Grundstein für den Weiterbau zu legen. Er hielt eine lange Rede und zum Schluss sagte er: ‚Alaaf Köln.' Da waren die Kölner begeistert. Sie hatten auch nichts dagegen, dass der Kölner Dom nun auch ein Denkmal und ein Zeichen für die Einigung Deutschlands sein sollte.

Für den Weiterbau war natürlich Geld nötig. Einen Teil spendierte der König, einen weiteren Teil spendeten begeisterte Menschen aus ganz Deutschland und dem Ausland, ein Teil kam von der Dombaulotterie und noch ein Teil vom Dombauverein. Und nach zweiunddreißig Jahren war es soweit:

Der Festzug zur Domvollendung vor dem Kaiserpavillon. Dort steht der Kaiser mit seiner Gattin auf dem roten Teppich. Überall wehen die schwarz-weiß-roten Fahnen des Kaiserreichs.

Der Dom war zu Ende gebaut – und König Friedrich Wilhelm IV. mittlerweile gestorben. An seinem Geburtstag, am 15. Oktober 1880, wurde der vollendete Dom eingeweiht. Das hatte sein Nachfolger, Kaiser Wilhelm I., höchstpersönlich bestimmt. Bei dieser Feier wurde zuerst eine Urkunde in die Kreuzblume des südlichen Domturmes gelegt und danach der Schlussstein gesetzt. Jetzt wurden Reden gehalten. Der Dom war vollendet und für neun Jahre sogar das höchste Bauwerk der Welt. Man feierte ein großes Fest, das drei Tage dauerte. Am zweiten Tag fand vor dem Dom ein großer Festumzug statt. Auf prächtig dekorierten Wagen, begleitet von Fußtruppen, wurde die Geschichte Kölns und des Dombaus vorgeführt. Dem Kaiser gefiel der Zug so gut, dass er ihn ein zweites Mal sehen wollte. Diesen Wunsch haben die Kölner ihm natürlich erfüllt. Aber ganz fertig war der Dom auch jetzt noch nicht. Erst nach drei Jahren waren alle Gerüste abgebaut und der schöne Mosaikfußboden im Chor wurde noch viel später fertig. Und als dann nach mehr als zwanzig Jahren wirklich alles fertig war, lösten sich schon wieder die ersten Steinbrocken und fielen herunter. Und deshalb bleibt der Dom eine ewige Baustelle“, schloss der Heinzel seine Erzählung vom Dombau.

Der Kölner Dom heute.

„Aber ich sage dir, Heinzel, es liegt ein Fluch auf dem Dom. Deshalb wird er nie fertig“, sagte der Teufel.

„Glaub, was du willst! Ich hab‘ gehört, wenn der Dom fertig ist, geht die Welt unter“, antwortete ihm der Heinzel.

„Siehst du, ich hab‘ Recht. Er wird eben doch nie fertig, weil die Welt nie untergeht!“

Alles vom Karneval

„Wir gehen mal auf den Neumarkt“, sagte der Heinzel zu Mercur. „Da erzähle ich dir was von Karneval.“

„Und wir?“, fragte der Teufel.

„Ihr könnt mitgehen.“

„Ich hab‘ keine Lust dazu. Ich find‘ Karneval blöd. Ich konnte Karneval noch nie leiden. Zu meiner Zeit haben sich die verrückten Jecken, vor allem die Handwerker, auch als Teufel verkleidet. Unter der Teufelsmaske haben sie dann allerlei grobe Späße und Unfug getrieben. Sie sind so wüst und roh durch die Stadt gezogen, dass einem angst und bange wurde. Man wollte den Karneval sogar verbieten!“

„Ich gehe mit“, sagte Emma Elf. „Mit Karneval kenne ich mich aus. Da taucht immer meine Zahl, die Zahl Elf, auf. Am 11. im 11. um 11 Uhr 11 wird der Karneval nahe dem Rathaus eröffnet. In der Zeit danach finden Sitzungen statt. Donnerstag ist Weiberfastnacht, am Sonntag gehen die Schull- und Veedelszöch, am Montag der Rosenmontagszug und am Dienstag die Züge in den Vororten. Und am Aschermittwoch ist alles vorbei.“

„Weißt du, warum das so ist?“, fragte der Heinzel.

„Nö“, sagte Emma Elf. „War schon immer so.“

„Nö“, sagte der Heinzel. „Das war nicht immer so. Es gibt erst seit 1823 einen Rosenmontagszug.“

Die Darstellung auf einem Kaminfries im Gürzenich zeigt den Karneval im Mittelalter, um 1440.

Der ‚Cölnische Held Carneval' im Jahr 1824.

„Erst? Das sind doch bald zweihundert Jahre. Das ist doch eine Ewigkeit."

„Die Franzosen haben den Karneval aus Angst vor kostümierten Revolutionären und Rebellen verboten. Sie haben aber gemerkt, dass der Karneval eigentlich harmlos ist und dass die Kölner nur ausgelassen feiern und Spaß haben wollten. Deshalb wurde das Karnevalstreiben auch wieder erlaubt. Bei den Preußen war das ähnlich. So ein wildes Karnevalstreiben und Durcheinander auf den Straßen war nichts für die ordentlichen Preußen und sie wollten es verbieten. Hochstehende Männer, die den Karneval liebten, sagten: ‚Wir sorgen dafür, dass das wilde Treiben aufhört und Karneval ordentlich abläuft', und gründeten das ‚Festordnende Comité'."

„Heute sagt man ‚Festkomitee' dazu, und im Internet kann man unter www.koelnerkarneval.de alles darüber erfahren: wer der Präsident ist und noch vieles mehr", sagte Emma. „Außerdem gibt es ein Karnevalsmuseum. Da kann man wirklich alles über die ‚Fünfte Jahreszeit' erfahren."

„Wie?", fragte der Heinzel. „Es gibt doch nur vier Jahreszeiten."

„Ja. Aber in Köln sagt man, der Karneval ist die fünfte Jahreszeit."

„Aha", sagte der Heinzel und setzte seine Erklärung fort: „Das Tollste, was sie sich damals ausgedacht haben, war der Rosenmontagszug. Der Mittelpunkt des Zuges wurde der ‚Cölnische Held Carneval'. Er war wie ein Kaiser aus dem Mittelalter gekleidet. Sein Thron

Rote Funken und der Bronzefunk des Künstlers Willi Neffgen an der Ulrepforte.

stand auf dem Neumarkt und auch die Wagen und Fußtruppen zogen von hier aus umher."

„Also, ich sehe da gewisse Verbindungen zur römischen Zeit", ließ sich Mercur vernehmen. „Denn auch bei uns gab es Wagen, die wie ein Schiff gebaut waren und durch die Straßen gezogen wurden. Ich würde also sagen, dass die Ursprünge des Kölner Karnevals in römischer Zeit zu suchen sind. Das ist interessant, höchst interessant ist das. Findet ihr nicht auch?" Mercur guckte alle erwartungsvoll an.

Emma Elf schaute zu Boden. Ihr war es peinlich, dass Mercur sich mal wieder als Besserwisser benahm. Aber der Heinzel ließ sich durch Mercur nicht aus der Ruhe bringen. „Später wurde aus dem ‚Cölnischen Helden Karneval' der ‚Prinz Karneval'. Und noch etwas später wurden ihm die Jungfrau und der Bauer an die Seite gestellt. Das ‚Dreigestirn' mit Prinz, Bauer und Jungfrau war nun komplett. Auch die Roten Funken waren von Anfang an beim Rosenmontagszug dabei. Deshalb nennen sie sich ‚Kölsche Funken rut-wieß vun 1823'. Sie sind die älteste Karnevalsgesellschaft in Köln. Sie erinnern an eine Zeit, in der Stadtsoldaten die Stadt bewachten und für die Kontrolle an den Toren zuständig waren. Aber die Stadtsoldaten wurden von den Kölnern verspottet, weil sie angeblich faul waren und auch nicht gut schießen konnten oder auch nicht schießen wollten. Die Roten Funken verspotten und verulken in ihren Sitten und Gebräuchen das Militärische, auf das die Preußen so viel Wert legten und so stolz waren. Die Preußen hatten sich mit dem geordneten Karneval langsam angefreundet. Ein preußischer General hat sogar die Karnevalsmütze erfunden. Die Karnevalisten sollten sich gegenseitig an einer Kappe erkennen. Gleiche Narren sollten gleiche Kappen tragen. Seit dieser Zeit sind die Mützen aus dem Karneval in Köln nicht mehr wegzudenken."

Die Roten Funken beim Rosenmontagszug auf dem Neumarkt. Ausschnitt aus einem Gemälde von Simon Meister aus dem Jahr 1836.

„Und wie sahen die ersten Karnevalsmützen aus?", fragte Emma Elf.

„So ähnlich wie meine Heinzelmütze. Und rot waren sie auch."

Die Roten Funken sprechen Kölsch:

Zu ihrem Vereinshaus, der Ulrepforte, sagen sie ‚Ülepootz'.
Zu einer Gruppe sagen sie ‚Knubbel'.
Ihren Tanz nennen sie ‚Stippeföttche'.
Ihre Fahne nennen sie ‚Plaggen'.
Die Trommel ist die ‚Trumm'.
Das Gewehr ist die ‚Knabbüß'.
Der Säbel ist der ‚Zabel'.
Hering heißt ‚Böckem'.
Pfeife heißt ‚Ähdenötz'.
Und die Zwiebel nennen sie ‚Öllig'.

Mit Volldampf voraus

„Wisst ihr, welche Erfindung die Welt verändert hat? Welche Erfindung das Leben der Menschen völlig durcheinander gerüttelt hat? Es war die Dampfmaschine. – Nichts blieb, wie es war. Wie ein Sturm fegte diese Revolution der Technik auch durch Köln. Die Arbeiten, zu denen früher die Muskelkraft und die Hände von Menschen nötig waren, wurden jetzt von Maschinen viel schneller, viel besser und viel billiger gemacht. Von Maschinen konnten viel mehr Waren hergestellt werden als von Handwerkern. Die Maschinen ersetzten die menschliche Arbeitskraft. Und die Maschinen bestimmten jetzt das Tempo der Arbeit und des Lebens, und nicht mehr die Menschen."

„Was meinst du damit?", fragte Mercur und blickte den Heinzel verständnislos an.

„Schiffe fuhren nun nicht mehr mit der Strömung oder mit Windkraft oder wurden von Menschen gerudert. Sie

Dampfschiffe auf dem Rhein.

fuhren jetzt mit Dampfkraft. Die Dampflokomotive fuhr nun durch Tunnel durch die Berge, über Brücken über Flüsse und Täler. Sie fuhr zehnmal so schnell wie eine Postkutsche. Als das erste Dampfschiff auf dem Rhein auftauchte, war das eine Sensation und die Menschen staunten und konnten es nicht begreifen. ‚Höllenschiff' haben sie es genannt, weil sie nicht verstehen konnten, wieso das Schiff mühelos gegen die starke Strömung fahren konnte."

„Was ist mit dem Höllenschiff?", fragte der Teufel, der mal wieder nur mit einem Ohr zugehört hatte.

„Du musst zuhören!", fuhr ihn der Heinzel streng an. „Ich kann nicht alles zweimal erzählen!" Und er fuhr fort: „Als die erste Eisenbahnstrecke von Köln nach Müngersdorf eröffnet wurde und die Dampflokomotive mit Wagen und 450 Passagieren darin in den Bahnhof einfuhr, jubelten die Menschen und zur Begrüßung donnerten die Kanonen. Aber viel wichtiger als der Transport von Personen war der Transport von Waren durch die Eisenbahn. Mit der Eisenbahn ging alles viel schneller. Nun wurden Eisenbahngesellschaften gegründet und es entstanden Fabriken, in denen Eisenbahnwagen und Eisenbahnanlagen hergestellt wurden. Köln wurde zu einem Eisenbahnknotenpunkt. Aus allen Himmelsrichtungen kamen die Züge in Köln an. Die Eisenbahn gab vielen Menschen Arbeit. In Deutz entstand eine riesige Fabrik, in der Eisenbahnwagen hergestellt wurden und in Nippes wurde ein Werk errichtet, in dem sechshundert Menschen arbeiteten. Es mussten Bahnanlagen und Bahnhöfe gebaut werden. Man brauchte Lokomotivführer und Heizer, Fahrkartenverkäufer und Schaffner, Weichensteller und Bahnwärter, Bahnhofsvorsteher und Bahnarbeiter."

Der Bahnhof an St. Pantaleon 1860. Die Dampflokomotive fährt durch das Stadttor.

Arbeit in der Fabrik

„Ich kann nicht mehr zuhören", meldete sich der Teufel. „Über Dampflokomotiven, Eisenbahnen und Dampfschiffe wollte ich nämlich gar nichts wissen. Und über Knotenpunkte auch nicht. Ich kenne nur Knoten in meinem Schwanz. Du wolltest uns was von Fabriken und der Arbeit und dem Leben der Menschen erzählen."

„Das gehört doch zusammen", meldete sich Emma Elf.

„Das ist mir egal. Ich will jetzt was anderes hören."

Der Heinzel war sprachlos und guckte von einem zum anderen.

„Also gut", sagte er, „dann erzähle ich jetzt von Fabriken in Köln. Von einer Fabrik, in der Baumwolle zu Baumwollfäden gesponnen wurde. – Die Arbeit in den Baumwollfabriken konnte man schnell lernen. Sie war kinderleicht. Die Maschine musste nur überwacht werden und wenn eine Störung auftrat, musste sie behoben werden. Dann waren immer dieselben Handgriffe zu tun: die Maschine mit Material versorgen und volle Garnspulen gegen leere austauschen. Diese Arbeit machten Kinder. Sie arbeiteten zehn bis zwölf Stunden am Tag und sechs Tage in der Woche. Den Kindern brauchte man für ihre Arbeit nicht viel Lohn zu bezahlen. Oft wurden die Kinder schon mit vier Jahren in die Fabrik geschickt und mussten fast genau so lange arbeiten wie die Erwachsenen. Sie hatten etwas längere Pausen, in denen sie dann im Lesen, Schreiben und Rechnen unterrichtet wurden. Die Kinder haben aber nicht viel gelernt, denn vor Müdigkeit und Erschöpfung fielen ihnen die Augen zu. Wenn sie erwachsen waren, konnten sie oft nicht einmal ihren eigenen Namen schreiben. Anstatt einer Unterschrift machten sie dann zwei Kreuzchen. Später wurde durch ein Gesetz geregelt, dass Kinder erst ab neun Jahren und nicht länger als neun Stunden täglich arbeiten durften. Dagegen haben die Eltern protestiert, weil die Kinder dann weniger verdienten. Die Familien lebten oft in so großer Not, dass ihnen nichts anderes übrig blieb, als ihre Kinder in die Fabrik zu schicken. Die Fabrikbesitzer waren auch nicht begeistert über das Gesetz. Wer sollte jetzt die billige Arbeit machen?

Die Fabrik von der Zypen & Charlier in Deutz. Dort wurden Eisenbahnwaggons hergestellt.

Auch das Leben der Mütter war hart. Sie bekamen in der Fabrik für die gleiche Arbeit nur halb so viel Lohn wie die Männer. Wenn sie nach einem langen Arbeitstag zu Fuß nach Hause kamen, ging die Arbeit für die Familie weiter. Sie mussten die Kinder versorgen und kochen, putzen, Wäsche waschen und flicken. Wenn man krank war, gab's keinen Lohn. Wenn in der Fabrik wenig zu tun war, wurde man entlassen. Dann gerieten die Menschen in Not und sie mussten Schulden machen. Die Wohnungen waren düster und eng. Die Toilette für mehrere Familien war im Hausflur, ein Badezimmer gab es nicht und die Kinder schliefen mit ihren Geschwistern zusammen in einem Bett.

Dienstmädchen vor hundert Jahren.

Für Kölner, die mehr verdienten, sah das Leben anders aus. Sie nahmen sich ein Dienstmädchen oder gleich mehrere. Die mussten rund um die Uhr für die ‚Herrschaft' arbeiten und schliefen in kleinen Kammern unter dem Dach. Wenn die Herrschaft etwas an ihnen auszusetzen hatten, durften die Dienstmädchen sogar mit Prügel bestraft werden oder sie wurden sofort entlassen. Dann gingen die Mädchen oder jungen Frauen in die Fabrik, wo sie schlecht bezahlte und ungesunde und schmutzige Arbeit tun mussten.

Die Arbeit in der Schokoladenfabrik Stollwerck war beliebt bei den jungen Frauen. Die riesige Fabrikanlage stand im Süden der Stadt nahe beim Bayenturm und bei der Bottmühle. Dort waren auch viele andere Industriebetriebe zu finden. Bei Stollwerck war die Arbeit sauber und die Frauen trugen Häubchen und weiße Schürzen und sahen nett aus. Sie arbeiteten neun Stunden am Tag in den Fabrikhallen. Auch samstags. Am Sonntag war frei. Urlaub gab es nicht."

Das Schokoladenmuseum (Imhoff-Stollwerck-Museum) am Rheinufer.

Neuzeit

Mmmm...Museum

„Ich hab' 'ne Idee", sagte Emma Elf plötzlich. „Wir gehen ins Schokoladenmuseum, ins Imhoff-Stollwerck-Museum am Rhein, da können wir sehen, wie es früher in der Fabrik ausgesehen hat. Und da gibt es Mmmm... Schokolade aus dem Schokoladenbrunnen."

Mercur konnte sich unter Schokolade gar nichts vorstellen. Er fragte, ob Schokolade salzig oder bitter, sauer oder süß schmeckt. Und auch der Teufel hatte keine Vorstellung von Schokolade. Sie besichtigten das ganze Museum – von unten bis oben und standen schließlich vor dem Schokoladenbrunnen. Aus dünnen Röhrchen floss die zart duftende, flüssige, süße Schokolade in die runde Brunnenschale. Das weiß gekleidete Schoko-Mädchen hatte allen eine Waffel gegeben, die sie zuvor in die flüssige Schokolade getaucht hatte. So lernten Mercur und der Teufel die Schokolade kennen.

Als sie wieder draußen waren, leckte Mercur an seinen Fingern und an den Armen herum. Überall klebte Schokolade, auch in seinem Gesicht. „Lecker", sagte er, „lecker! Für Schokolade könnte ich sterben."

Der Teufel beschäftigte sich mit seiner Schwanzquaste und schleckte voller Genuss daran herum. Er hatte unauffällig die Absperrung übertreten und sie ganz schnell in den Schokoladenbrunnen getaucht. Nun klebte an jedem einzelnen Härchen diese wunderbar sahnige, zarte, süße Schokolade.

Der Schokoladenbrunnen.

Platz für Fabriken – die Stadt wird erweitert

Im 19. Jahrhundert entstanden in Köln, Ehrenfeld, Nippes, Riehl, Mülheim, Kalk und Zollstock immer mehr Fabriken mit vielen Beschäftigten. Sie produzierten Lokomotiven, Eisenbahnwagen, Maschinen, Maschinenteile, Motoren, Stahl, Eisen, Gummi, Seile und Kabel, Garn, chemische Produkte, Glas, Möbel, Schokolade und Bonbons, Zucker, Mehl, Tabak, Bier, Schnaps und vieles andere mehr.
Weil so viele Fabriken entstanden, gab es bald keinen Platz mehr innerhalb der Stadtmauer. Alles war zugebaut. Die Stadt war durch die Mauer eingeschnürt. Nun baute man Fabriken und Häuser für die Arbeiter außerhalb der Stadt in kleinen Orten wie Ehrenfeld, Nippes, Bayenthal oder Deutz, Kalk und Mülheim. Dort war genügend Platz und das Land war viel billiger als in der Stadt. Als die Stadtmauer dann niedergerissen war, wurden die Orte eingemeindet. Sie gehörten nun zu Köln und waren Vororte. Im Jahr 1888 war so ein neues, größeres Köln entstanden, das von nun an links und rechts des Rheins lag.

Schulkinder mussten an des Kaisers Geburtstag Fähnchen schwenken. Auf der Tafel steht in Deutscher Schrift geschrieben: Mein erster Schulgang.

„Ach Heinzel“ sagte der Teufel, als er auch das letzte Fitzelchen Schokolade abgeleckt hatte, „ich hätte viel lieber zu deiner Zeit gelebt, in der Schokoladenzeit.“

„Ich auch“, sagte Mercur und fuhr sich mit der Zunge über die Lippen.

„Von wegen“, antwortete der Heinzel. „Das war keine Schokoladenzeit. Es war eine harte Zeit, in der die Menschen viel gearbeitet und schlecht gelebt haben und dabei noch wenig Rechte hatten. Sie durften ihre Meinung nicht frei äußern. Zeitungen wurden verboten, wenn etwas darin stand, was dem König oder dem Kaiser nicht passte. Wenn der Kaiser Geburtstag hatte, mussten alle antreten. Es gab Festreden, Parademärsche, donnernde Hurra- und Hochrufe und die Schulkinder mussten auch antreten und mit Fähnchen schwenken. Es war eine Zeit der Kämpfe für menschenwürdige Arbeit in den Fabriken, für menschenwürdiges Wohnen und für ein menschenwürdiges Leben der Arbeiter. Es gab Kriege mit Tausenden von

Toten und viel Elend. Und als meine Zeit zu Ende ging, war auch das Kaiserreich zu Ende und die ganze Welt führte Krieg gegeneinander. Im Ersten Weltkrieg, der von 1914 bis 1918 tobte, kämpfte Mann gegen Mann und Flugzeuge warfen Bomben auf Städte. Man warf Gasgranaten aus der Luft, die bei der Explosion ihr Gift verströmten. Wer es einatmete, wurde blind und starb unter fürchterlichen Schmerzen. Man fuhr mit Panzerwagen, die alles zermalmten und zerquetschten. Unter den vielen Millionen Menschen, die in diesem Krieg umkamen, waren auch viele zehntausend Kölner. Die Frauen hatten nun keine Männer mehr und die Kinder keine Väter. Es gab nichts mehr zu essen und die Menschen konnten vor Schwäche nicht mehr arbeiten und wurden krank. Es herrschte Elend, Verzweiflung und bittere Not."

Neuzeit

Gegen eine Geldspende durfte man einen Nagel in die Holzfigur des Bauern einschlagen. Das Geld kam den Witwen und Waisen des Ersten Weltkrieges zugute. Heute steht der Riese im Kölnischen Stadtmuseum.

Die Moderne

Die Werbung für den Ford Taunus 1214 (1955–57) zeigt auch die Mode der Fünfziger Jahre. Es war die Zeit des ‚Wirtschaftswunders'.

Mit Emma Elf in die Moderne

Die Zeit zwischen den zwei Weltkriegen

„Wie soll es denn jetzt weitergehen? Wer ist dran?“, fragte der Heinzel Emma Elf.

„Tja“, sagte sie und verschränkte die Arme vor der Brust. „Ich weiß nicht so recht. Jetzt kommt die kurze Zeit zwischen den zwei Kriegen. Sehr viel Erfreuliches ist da nicht passiert. Vielleicht sollte ich ...“

„Wie kurz oder wie lang war denn die Zeit zwischen den Kriegen“, unterbrach Mercur Emma.

„Das waren noch nicht mal zwanzig Jahre, die zwischen dem Ersten und dem Zweiten Weltkrieg lagen.“

„Was? So kurz, so wenige Jahre? Da gab es ja Menschen, die beide Kriege miterlebt haben! Männer, die in zwei Kriegen kämpfen mussten. Wenn sie den ersten überlebt hatten, dann mussten sie nach zwanzig Jahren noch mal Soldat sein und schießen und Bomben abwerfen. Und die Kinder, die all die Schrecken des Krieges erlebt hatten, mussten als Erwachsene schon wieder dieses Grauen miterleben?“, stellte Mercur entgeistert fest.

„So war das“, bestätigte der Heinzel.

„Kannst du nicht mal was Schönes, Interessantes oder Lustiges erzählen, anstatt immer nur vom Krieg“, meckerte der Teufel und spuckte haarscharf neben Emma Elf auf den Boden.

„Hör auf zu spucken, du Ferkel“, sagte sie streng, sprang in die Luft und stampfte mit dem Fuß auf.

Der Teufel brachte es diesmal tatsächlich fertig, sich bei Emma zu entschuldigen. „...tschuldigung“, nuschelte er.

„Also“, begann Emma, „nach einem Streit, der neunzehn Jahre dauerte, hat der Stadtrat im Jahr 1919 beschlossen, Köln mit K zu schreiben und nicht mehr mit C wie in der Zeit davor.“

Früher das Kaufhaus Leonhard Tietz – heute der Kaufhof.

„Findest du das lustig? Oder interessant? Oder wichtig?“, empörte sich der Teufel.

„Nein, nicht besonders. Aber wie findest du diese Nachricht: In Köln wird 1925 im Warenhaus Tietz die erste Rolltreppe in Deutschland in Betrieb genommen. Heute nennt sich das Warenhaus Tietz ‚Kaufhof‘.“

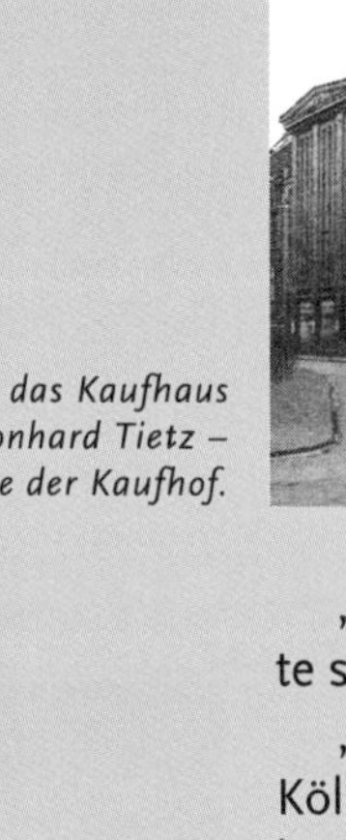

„Sagt mir nichts. Ich kenne keine Rolltreppe und kein Warenhaus.“

„Gut“, sagte Emma, „aber vielleicht gefällt dir das: Seit 1920 muss man für die Benutzung der Brücken kein Brückengeld mehr bezahlen.“

„Musste man vorher Geld bezahlen, wenn man über eine Brücke wollte?“

„Ja!“

„Und wenn man kein Geld hatte?“

„Dann konnte man nicht über die Brücke gehen.“

„Tssss“, machte der Teufel. „Ich wär‘ trotzdem rübergegangen.“

„Keine Chance! Der Brückenwärter hat streng kontrolliert“, sagte Emma.

Am 13. Oktober 1929 wurde die Mülheimer Brücke eingeweiht. Oberbürgermeister Konrad Adenauer wollte eine Hängebrücke, der Stadtrat eine Bogenbrücke. Adenauer blieb stur – und die Hängebrücke wurde gebaut.

„Ich hätte das irgendwie geschafft."

„Klar", sagte Emma, ließ ihre Mundwinkel hängen und zog die Stirn in Falten. „Teufel schaffen alles." – Angeber, dachte sie.

„Zu meiner Zeit gab es gar keine Brücke über den Rhein. Also auch kein Brückengeld", sagte der Teufel. „Eben", antwortete ihm Emma. „Aber jetzt gab es schon die Südbrücke, die lange neue Hohenzollernbrücke und die Brücke nach Deutz. Dann kam noch die Hängebrücke in Mülheim dazu und die Rodenkirchener Brücke."

„So kommen wir nicht weiter", meldete sich Mercur. „Was willst du denn dem Teufel noch alles erzählen. Du kannst doch nicht darauf warten, dass der Teufel eine Nachricht wichtig und interessant findet. Und lustig schon gar nicht. Bis der das zugibt, können ja tausend Jahre vergehen."

„Halt den Mund", drohte der Teufel Mercur leise und nahm seinen Schwanz in die Hand. „Sonst ..."

„Stimmt", sagte Emma. „Dann fange ich gleich mit den schweren Sachen an und ihr müsst mal einen Moment zuhören. Die Zeit nach dem ersten Weltkrieg bis 1933 nennt man Weimarer Republik. Es war keine besonders glückliche Zeit. Der Erste Weltkrieg war verloren und Deutschland wurde von den Siegern bestraft. ‚Deutschland ist schuld am Krieg', sagten die Siegermächte. Deshalb wurde in einem Vertrag festgelegt, dass Deutschland für die Zerstörungen und Verwüstungen, die es seinen Gegnern im Krieg zugefügt hatten, mehrere Milliarden Mark bezahlen sollte. Das nennt man ‚Reparationen'. Das war eine enorme Schuldenlast, die von der Gemeinschaft getragen werden musste. Zu dieser Zeit gab es wenig Arbeit und Woche für Woche mehr Arbeitslose. Die Menschen litten Hunger und waren bitterarm, weil der Staat sie auch nicht mehr ausreichend unterstützen konnte. Deutschland war auch nun kein Kaiserreich mehr, sondern eine Republik. Die Bürger waren keine Untertanen mehr, sondern Mitgestalter der Gemeinschaft. Demokratie nennt man das. Alle durften jetzt zur Wahl gehen und die Vertreter für das Volk wählen: Männer und Frauen, Arme und Reiche. Niemand wusste so recht, wie es weitergehen sollte, und die Menschen wurden unsicher. Es kam zu Demonstrationen, Unruhen und Plünderungen, vor allem, weil nicht

genügend zu essen da war. Der Staat druckte immer mehr und immer höhere Geldscheine, aber es gab nicht genügend Waren, die man dafür kaufen konnte. Deshalb verlor das Geld seinen Wert. Ein Liter Milch kostete zuerst tausend Reichsmark, kurze Zeit später schon 3 600. Und zum Schluss musste man 348 Billionen Reichsmark dafür bezahlen. Eine Fahrt mit der Straßenbahn kostete eine Milliarde Reichsmark. Wenn man Geld hatte, musste man es schnell ausgeben, sonst hatte es keinen Wert mehr. So etwas nennt man eine Inflation."

Der Teufel hatte Emma wie gebannt zugehört. „Das hört sich nach wahrer Hölle an", sagte er. „Das waren ja Zustände, in dieser Wemer Replik! Da möchte ich nicht gelebt haben."

„Weimarer Republik heißt die Zeit", verbesserte Emma Elf.

„Ja gut, dann eben Beimarer Republik", erwiderte der Teufel gereizt.

„Weimarer Republik", stellte Emma Elf erneut richtig. „Nach der Stadt Weimar benannt, weil dort die Republik beschlossen wurde."

„Zustände, Zustände waren das!", sagte Mercur. „Schlimm, schlimm! Und alles wird immer komplizierter. Ich verstehe vieles gar nicht mehr, was bei euch passierte."

„Wo ist der Heinzel?", fragte Emma Elf. Aber er saß ganz ruhig da und hatte aufmerksam zugehört.

„Ihr müsst jetzt eine Weile auf mich warten. Ich muss was erledigen", sagte Emma Elf.

Sie hatte noch nicht zu Ende gesprochen, da fielen dem Heinzel schon die Augen zu. Er gähnte mehrere Male und begann mit seinem Schnarchkonzert.

„Emma lässt uns wieder allein“, meckerte der Teufel. „Was soll ich jetzt tun? Schon wieder muss ich warten und weiß nicht, wie es weitergeht.“ Er lief unruhig auf und ab, schwenkte dabei seinen Schwanz und spuckte unentwegt nervös auf den Boden.

Nach einer Zeit hielt ein Taxi und Emma sprang heraus.

„Das ist mein Freund Willi“, sagte sie. „Wir kennen uns schon lange. Er ist wie ein Opa für mich. Er ist Maus-Fan. Genau wie ich. Wir haben oft zusammen ‚die Sendung mit der Maus‘ geguckt.“ Mercur und der Teufel starrten durch die Autotür auf Willi, der sie freundlich anlächelte.

linke Seite: Die Stadt Köln gibt Notgeld, eine Art Gutscheine heraus. Eine Familie mit zwei Kindern braucht 345 Billionen Reichsmark, um leben zu können.

Mit dem Taxi durch Köln

„Wir machen eine Stadtrundfahrt. Ich bin Stadtführerin. Ich zeige euch, was in der Zeit zwischen den zwei Weltkriegen entstanden ist“, sagte Emma Elf. „Steigt ein! Wir fahren jetzt über die erste Autobahn Europas von Köln nach Bonn.“

Mercur setzte sich neben Willi. Emma Elf und der Teufel setzten sich auf den Rücksitz und quetschten den Heinzel in die Mitte.

„Es geht los! Wir fahren über die Rheinuferstraße.“

Nachdem sie am Kölner Dom, am Bayenturm und am Ubierring vorbei gefahren waren, schrie Emma plötzlich: „Rechts ab. Da ist die alte Universität.“

Willi stieg in die Bremsen, um die Kurve zu kriegen. Mercur traten die Augen aus dem Kopf und er wurde leichenblass. Der Teufel hatte sich die Hände vor das Gesicht gekrallt. Aber dann hielt Willi schon vor der Alten Universität in der Claudiusstraße. Alle stiegen aus.

„Ihr müsst euch mal den Namen Konrad Adenauer merken. Der war zu der Zeit der Weimarer Republik der Oberbürgermeister von Köln. Das war ein tüchtiger Mann. Er hat dafür gesorgt, dass Köln wieder eine Universität bekommt. Die erste Universität war nämlich von den Franzosen geschlossen worden. Und hier, bitteschön, ist die von Konrad Adenauer wieder eröffnete Universität. Zwischen dem Agrippinaufer

Konrad Adenauer, Oberbürgermeister von Köln von 1919 bis 1933.

und der Claudiusstraße. Wir nennen sie heute ‚Alte Universität', weil es inzwischen schon wieder neue Universitätsgebäude gibt."

„Agrippinaufer? Agrippina, Agrippina kenn' ich doch. Wer war das noch?", überlegte der Heinzel. „Agrippina war die Stadtgründerin. Und Kaiser Claudius ihr Gemahl", erklärte Mercur. „Oh, Verzeihung. Das hätte ich wissen müssen", antwortete der Heinzel.

„Und der Park hier drum herum heißt Römerpark", ergänzte Emma.

Nachdem sie sich umgesehen hatten, stiegen sie wieder ins Auto. Willi fuhr wieder auf die Rheinuferstraße in Richtung Rodenkirchen, bog rechts auf den Militärring ab, fuhr weiter zum Verteilerkreis und dann auf die Autobahn Richtung Bonn. Die erste Ausfahrt war Rodenkirchen. Als sie gerade mit hohem Tempo daran vorübergesaust waren, fing der Teufel an zu jammern: „Mir ist schlecht. Mir dreht sich alles herum. Das ist mir zu schnell. Ich habe Angst. Ich will aus dem Auto raus. Bitte."

Die Alte Universität am Agrippinaufer von 1907.

Bald kam die Ausfahrt Godorf und Willi fuhr von der Autobahn ab.

„Na ja", sagte Emma Elf, „wir müssen ja nicht bis nach Bonn fahren. Jetzt seid ihr aber wenigstens mal auf der ersten Autobahn Europas gefahren. Jetzt fahren wir zur Messe nach Deutz. Das schaffst du schon", ermunterte sie den Teufel, der völlig eingesunken und grünlich im Gesicht auf der Rückbank saß. Mercur und der Heinzel waren auch froh, dass sie die Autobahn verlassen hatten.

Als sie auf der Deutzer Brücke waren, schubste Emma den Teufel an: „Guck mal nach links aus dem Fenster, dann siehst du die Messehallen und den alten Messeturm. Er ist 85 Meter hoch. Bald zieht hier das Fernsehen ein, RTL." Aber der Teufel guckte nicht. Er stierte weiter vor sich hin. Als sie in Deutz waren, fuhr Willi am Deutzer Bahnhof vorbei zu den alten Messehallen.

„Konrad Adenauer hat Köln wieder zu einer bedeutenden Messestadt mit weltberühmten Messen gemacht", sagte Emma. „Heute kommen zur Möbelmesse, der Photokina und der Anuga Besucher aus der ganzen Welt."

„Unuga?", fragte der Heinzel.

„A- A- A – Anuga heißt diese Messe, auf der Nahrungs- und Genussmittel aus aller Welt gezeigt werden."

Die Kölner Messe mit dem einundachtzig Meter hohen Messeturm im Jahr 1928.

„Können wir an den Rhein gehen?", fragte der Teufel. „Ich brauche frische Luft."

Am Rheinufer lehnten sie sich über die Mauer.

„Guck mal, wie schön Köln ist. Was man von hier aus alles sehen kann", schwärmte der Heinzel. „Den Dom, den Ratsturm, die Kirche Groß St. Martin, das Schokoladenmuseum, den Bayenturm ..."

„Das Museum Ludwig, den Hauptbahnhof, die Hohenzollernbrücke, die Kirche St. Ursula mit der Krone auf der Turmspitze", ergänzte Emma Elf.

„Nur vom römischen Köln sieht man nichts", sagte Mercur etwas traurig.

Die wichtigste Erfindung in Köln war der Ottomotor.

Als sie wieder zurückfuhren, sah Mercur auf dem Bahnhofsvorplatz des Deutzer Bahnhofs ein Denkmal. „Was ist das?", fragte er.

„Das ist ein Denkmal für Nikolaus August Otto", kam postwendend die Antwort von Willi. „Der hat den Viertakt-Motor erfunden, der bis heute fast jedes Auto antreibt. Hier in Köln war das. In meinen Fahrzeugpapieren steht bei Antriebsart: Ottomotor."

„Wann hat der den Motor erfunden?", erkundigte sich der Teufel.

„Das war 1864", sagte Willi.

„Du kannst aber gut Jahreszahlen behalten", sagte Emma Elf.

„Na ja", murmelte Willi, „das sind die ersten Zahlen meiner Handy-Nummer."

Autos aus Köln

„Wir müssen jetzt nach Niehl fahren. Das liegt im Norden von Köln“, sagte Emma Elf.

Sie fuhren auf der Deutzer Brücke wieder zurück zur Rheinuferstraße, am Konrad-Adenauer-Ufer entlang, unter der Zoobrücke hindurch, das Niederländer Ufer entlang, dann auf der Boltensternstraße und der Industriestraße geradewegs in das Industriegelände hinein.

„Was machen die hier?“, fragte der Teufel, dem es schon wieder besser ging.

Das Ford-Modell ‚Köln' von 1931 fuhr etwa neunzig Kilometer in der Stunde.

„Autos. Hier sind die Ford-Werke“, antwortete ihm Emma. „Konrad Adenauer war es nämlich gelungen, die amerikanische Autofirma nach Köln zu holen. Der Gründer der Firma, Henry Ford, war persönlich aus Amerika gekommen, um zusammen mit dem Oberbürgermeister Konrad Adenauer 1929 den Grundstein für das Werk in Köln zu legen. Das war eine Sensation und die Kölner waren froh über die Arbeitsplätze. Bald rollten die ersten Autos vom Band. Es wurde sogar

Zur Einweihung der Ford-Werke 1931 kamen Tausende Schaulustige, um eine der modernsten Fertigungsstätten Europas zu besichtigen.

ein Modell ‚Köln' gebaut. Er konnte neunzig Kilometer in der Stunde fahren und hatte einundzwanzig PS. In diesen Autos prangte in der Mitte auf dem Lenkrad das Kölner Wappen. Damals war ein Auto Luxus. Normale Arbeiter konnten überhaupt kein Auto bezahlen. Von tausend Einwohnern hatten nicht mal vier ein eigenes Auto in Köln."

„Und heute?", wollte der Heinzel von Emma wissen.

„Heute haben von tausend Einwohnern über achtzehn Jahren etwa fünfhundert ein Auto."

„Was? Die Hälfte der Erwachsenen hat ein Auto?", staunte der Heinzel.

„Aber die neuen Ford-Werke haben Köln auch nicht mehr retten können", fuhr Emma fort. „Die Zeiten wurden immer schlechter und die Leute hatten immer weniger Geld. Wer kaufte in solchen Zeiten schon Autos! Es kamen auch schlechte Nachrichten aus Amerika. Die Wirtschaft war in eine gefährliche Entwicklung geraten. Die ganze Welt wurde davon erschüttert. Auch Europa und Deutschland waren von der Wirtschaftskrise betroffen."

Plötzlich hörten sie ein irre lautes und langes Hupen. Willi hatte sich bemerkbar gemacht. Er wollte zurückfahren.

„Wohin?", fragte Willi.

„Zum EL-DE-Haus", sagte Emma.

Ford-Werke in Köln-Niehl 1930.

Köln im Nationalsozialismus

Willi hielt genau vor dem Eingang des EL-DE-Hauses am Appellhofplatz, Ecke Elisenstraße. Alle stiegen aus und Willi fuhr weg. An der Hauswand flatterte eine lange Fahne. ‚EL-DE-Haus' und darunter ‚Köln im Nationalsozialismus' stand darauf.

„Auf den Eingangstüren steht auch EL-DE. Was bedeutet das?", fragte der Heinzel.

„Das sind die Anfangsbuchstaben von Leopold Dahmen – ein L und ein D, ausgesprochen ‚el' und ‚de'. Leopold Dahmen hat das Haus gebaut", antwortete ihm Emma Elf.

„Und was bedeutet Nationalsozialismus?", bohrte der Heinzel weiter.

„Das war eine Bewegung, die sich nach dem Ersten Weltkrieg bildete, aber das ist sehr schwierig zu erklären. Am besten, wir gehen mal rein."

„Ist das ein Museum?", wollte Mercur wissen.

„Nein, das ist ein Dokumentationszentrum mit einer Ausstellung. Hier steht es doch", sagte Emma und zeigte auf das Schild an der Hauswand.

„Zentrum für was denn?", mischte sich der Teufel ein.

Das EL-DE-Haus am Appellhofplatz, Ecke Elisenstraße gehört zu den wenigen Häusern in der Innenstadt, die im Zweiten Weltkrieg nicht zerstört wurden.

Am 13. März 1933 besetzten die Nationalsozialisten das Kölner Rathaus und übernahmen die Macht.

„Hier wird über die Zeit des Nationalsozialismus vom Beginn 1933 bis zum Ende 1945 geforscht. Hier arbeiten Fachleute, die Historiker. Du kannst ihnen Fragen stellen oder die Bibliothek benutzen. Aber jetzt gehen wir endlich mal rein“, sagte Emma Elf energisch und drückte gegen die große, schwere Glastüre. Mercur musste ihr helfen, so schwer war die Türe zu öffnen.

„Das sieht aber düster hier aus“, flüsterte der Heinzel Mercur ins Ohr.

„So alt“, flüsterte Mercur zurück.

„Vieles ist fast so geblieben, wie es vor sechzig Jahren gewesen ist. Zur Erinnerung hat man es erhalten. Es ist auch eine Erinnerungsstätte“, sagte Emma und stieg die Treppen zum ersten Stock hoch.

„Hier fängt es an“, sagte sie. „Zuerst war die Nationalsozialistische Deutsche Arbeiterpartei (NSDAP) nur eine kleine, unbedeutende Partei neben vielen anderen. Sie versprach aber, dass alles besser würde, wenn ihr Anführer Adolf Hitler an der Macht wäre. Sie sagte: ‚Ein Volk, ein Reich, ein Führer.‘ Alle Menschen im Deutschen Reich sollten eine Volksgemeinschaft bilden und sich dem Führer unterordnen. Sie sagte auch: ‚Juden sind unser Unglück‘, ‚Die Juden sind schuld an der Not in Deutschland‘. Und sie sagte: ‚Unser Deutsches Reich muss immer größer werden, deshalb müssen wir Krieg führen und neue Gebiete dazugewinnen.‘ Die verzweifelten und hoffnungslosen Menschen glaubten vieles und wünschten sich nichts sehnlicher, als einen starken Führer. 1933 hatten die Nazis es geschafft. Viele Menschen hatten sie gewählt. Sie waren die stärkste Partei und Adolf Hitler wurde zum Reichskanzler ernannt.

Sofort regierte Hitler wie ein Diktator. Es wurden viele demokratische Rechte abgeschafft. Man durfte sich zum Beispiel nicht mehr versammeln. Vereine wurden aufgelöst und alle Parteien, außer der eigenen, wurden verboten. Die einzige Partei sollte von nun an die NSDAP sein. Man rief zum Boykott jüdischer Geschäfte auf. ‚Kauft nicht bei Juden‘ stand auf Plakaten. Man sollte auch nicht mehr zu jüdischen Ärzten und Rechtsanwälten gehen. Jüdische Lehrer wurden entlassen. Die Ausgrenzung der Juden aus dem täglichen Leben und der Gesellschaft begann.“

Kleines NS-Lexikon, Teil 1

Adolf Hitler
Adolf Hitler war Reichskanzler von 1933 bis 1945 und Führer der Nationalsozialistischen Deutschen Arbeiterpartei (NSDAP). Er war ein Diktator und für die Verbrechen herrschaft der Nazis verantwortlich.

Boykott
Schädigung eines Geschäftes oder einer Person, indem man nichts mehr dort kauft oder die Dienste nicht in Anspruch nimmt.

Geheime Staatspolizei, Gestapo
Die Nationalsozialisten gründeten nach ihrer Machtübernahme 1933 die Gestapo. Si sollte die Bevölkerung unterdrücken und durch Terror in Angst und Schrecken verset zen.

Juden
Das Judentum ist die älteste der drei großen Religionen mit dem Glauben an einen e zigen Gott. Die Nationalsozialisten verfolgten die Juden nicht wegen der Religion, sc dern weil sie glaubten, Juden seien Angehörige einer anderen ‚Rasse'.

Nazi, Nationalsozialist
Nazi ist die Abkürzung für ‚Nationalsozialist'. Nazis sind Anhänger und Mitglieder d Nationalsozialistischen Deutschen Arbeiterpartei (NSDAP), die 1933 in Deutschland die Macht kam.
Die Ziele der Nazis waren die Vergrößerung des Deutschen Reiches durch Krieg und die Vertreibung und Vernichtung der Juden und anderer Menschen, die sie als minde wertig ansahen.

Mittlerweile waren sie ein Stück weitergegangen und standen vor dem Großfoto, das den Aufmarsch der Nazis am Rathaus nach der Machtergreifung zeigt.

Der Teufel räusperte sich mehrmals und sagte dann zu Emma Elf: „Wäre es nicht besser, wenn jeder alleine durch das Haus ginge, um sich alles anzusehen?"

„Oh, entschuldige, Teufel. Ich wollte dich nicht bevormunden. Ich dachte nur, ich muss alles erklären, weil diese Zeit so schwer zu verstehen ist", antwortete Emma verständnisvoll.

„Nein", sagte der Teufel, „das musst du nicht. Hier wird doch alles gezeigt und auf den Schrifttafeln erklärt."

Auch Mercur und der Heinzel waren dieser Meinung. Und so trennten sie sich.

Der Teufel

Der Teufel wanderte in den Räumen umher, las hier einen Text und schaute dort ein Bild an. „Das ist nicht zu fassen. Das ist nicht zu verstehen", redete er vor sich hin. „Wir Teufel hätten uns niemals so was Schreckliches und Entsetzliches ausdenken können. Wie geschickt diese Nazis vorgegangen sind. Sie haben den Lebensraum der Juden immer mehr eingeschränkt. Zuerst wurden sie aus Sport- und Turnvereinen, aus Verbänden und Vereinigungen ausgeschlossen. Dann wurde ihnen der Besuch von Kinos, Theatern und Konzerten verboten, danach durften sie nicht mehr arbeiten und jüdische Kinder mussten die Schulen verlassen. Juden durften nicht mehr mit der Straßenbahn fahren und kein Radio mehr besitzen. Dann mussten alle Juden, die älter als sechs Jahre waren, den gelben Stern mit der Aufschrift ‚Jude' tragen. Sie wurden verspottet, gedemütigt und beleidigt. Später wurden sie nach einem genauen Plan vom Bahnhof Deutz aus in Konzentrationslager deportiert. Entweder mussten sie dort unter Zwang arbeiten oder sie wurden sofort grausam ermordet. Da sind ja Dinge passiert, die kann sich der größte und schlimmste Höllenfürst nicht ausdenken."

Alle Juden ab sechs Jahren mussten den gelben Stern deutlich sichtbar auf der Kleidung tragen.

Mercur

„Das kann man doch nicht machen. Man darf doch keine Gotteshäuser zerstören. Man zerstört keine Tempel für die Götter! Man zerstört keine Moschee. Man zerstört kein christliches Gotteshaus. Man zerstört auch keine Synagoge, das Gotteshaus der Juden! Wann sind die Menschen endlich so weit, das zu kapieren!", regte sich Mercur auf, als er die Fotos von der Zerstörung der Synagogen 1938 sah. „Alle Kölner Synagogen wurden in einer einzigen Nacht, der so genannten Reichskristallnacht, zerstört. Geschäfte und Wohnungen der Juden

Kleines NS-Lexikon, Teil 2

Deportation
Wenn Menschen gewaltsam von ihrem Heimatort an einen anderen Ort transportiert werden, nennt man das Deportation. In der Zeit des Nationalsozialismus wurden Juden aus ganz Europa in Konzentrationslager, vor allem nach Polen, deportiert. Auch Menschen der Volksgruppen Sinti und Roma und anders denkende Menschen wurden von den Nazis deportiert.

Konzentrationslager
Konzentrationslager sind große Gefängnisse auf freiem Gelände. Im Lager, das aus sehr vielen Baracken bestand, wurden Gegner der Nazis gezwungen zu arbeiten. Sie wurden gequält, erniedrigt und auch getötet.

Zwangsarbeit
Zur Zeit der Nazis wurden viele Millionen Menschen nach Deutschland zur Arbeit ve schleppt. Sie wurden gezwungen in Fabriken oder in der Landwirtschaft zu arbeiten.

oben: In der Nazi-Zeit wurden viele Juden aus ihren Häusern geholt und deportiert. Der Künstler Gunter Demnig hat vor diesen Häusern ‚Stolpersteine' in den Boden eingelassen, die an deportierte oder ermordete Juden erinnern sollen.

Die in der Reichskristallnacht ausgebrannte Synagoge in der Glockengasse.

wurden verwüstet und geplündert, Menschen zusammengeschlagen. Viele Hunderte wurden in Konzentrationslager verschleppt. Und ein Jahr später fing dieser Hitler den Krieg an."

Der Heinzel
Der Heinzel blieb lange vor einem Plakat stehen. Darauf war der Kopf eines blonden Mädchens mit Zöpfen zu sehen und die Schrift: ‚Auch Du gehörst dem Führer'. Das ‚Du' war besonders groß geschrieben. – Was hatte dieser Adolf Hitler für

eine Einstellung?, dachte der Heinzel. Niemand gehört dem Führer! Man gehört sich selbst. Man muss nicht das tun, was ein Führer befiehlt. Man tut das, was einem das Gewissen sagt. Die Nazis wollten den ganzen Menschen lenken und formen. Sie wollten blinden Gehorsam gegenüber dem Führer. In der Schule und in der Freizeit wurden die Jungen durch militärische Übungen, Märsche und Appelle gedrillt. Man wollte sie zu kämpferischen und opferbereiten Soldaten erziehen. Die Mädchen wurden für die Aufgaben in der Familie vorbereitet. Sie sollten gute Ehefrauen und Mütter werden und viele Kinder bekommen, weil die Nazis Soldaten für ihre Kriege brauchten. Jungen und Mädchen wurden oft gezwungen, in die Hitler-Jugend (HJ) einzutreten, eine Uniform zu tragen und ihre Freizeit in der HJ zu verbringen. Auch die Erwachsenen sollten in der Partei, in Vereinen und Organisationen der Nazis mitmachen. Wer nicht begeistert war und nirgendwo mitmachte, musste Nachteile befürchten oder wurde bedroht, eingeschüchtert, bekam Prügel oder wurde gleich ins Gefängnis gesperrt. Deshalb hielten viele den Mund. Sie passten sich an und wurden zu Mitläufern. Aber die meisten waren total begeistert von den Ideen der Nazis und glaubten ihren Versprechungen.

Ein Werbeplakat der Hitler-Jugend.

Das Foto zeigt Mitglieder der Hitler-Jugend. Jungen ab zehn Jahren wurden ‚Pimpfe' genannt. Mit Uniform, Fahne und Trommel wurden sie bei Ausflügen darauf vorbereitet, Soldat zu werden.

links: Alle Brücken Kölns waren zerstört, auch die Hohenzollernbrücke.

rechts: Der zerstörte Hauptbahnhof 1945.

Emma Elf

Ich könnte verrückt werden, wenn ich daran denke, was unter den Nazis alles passiert ist. Ich könnte verrückt werden, wenn ich diese Bilder vom Krieg sehe. Ich könnte verrückt werden, wenn ich an das Leid der Menschen und an die Zerstörungen der Stadt denke. Diese nationalsozialistische Schreckensherrschaft mit ihrem größenwahnsinnigen Führer hat Millionen von Menschen das Leben gekostet und Städte, Dörfer und Landschaften zerstört. Die Nazis vereinten sich zuerst mit Österreich. Dann griffen sie Polen an und danach überfielen sie die Nachbarländer Frankreich, Belgien, Holland und Dänemark. Sie überfielen die Sowjetunion und erklärten Amerika den Krieg. ‚Es kann nur einer siegen und das sind wir', sagten die Nazis, während die Bomben auf die Städte fielen und alles zerstörten. Bei einem englischen Angriff im Mai 1942 flogen in einer Nacht tausend Flugzeuge über Köln und warfen Bomben ab. Hunderte von Kölnern fanden dabei den Tod. Tausende von Wohnhäusern lagen danach in Trümmern, das Rathaus und die alten Kirchen waren zerstört, der Kölner Dom war schwer beschädigt, die Brücken waren eingestürzt. Aber das war noch nicht das Ende. Es kamen noch mehr Fliegerangriffe, bis die Stadt fast vollständig zerstört war und nichts mehr funktionierte. Nur wenige Menschen lebten noch in den Ruinen. Ohne Nahrung, ohne Möbel, ohne Wasser, Strom und Gas. Viele konnten nur ihr nacktes Leben retten. Als die Amerikaner am 6. März 1945 als Befreier einrückten, war der Schrecken des Krieges im linksrheinischen Köln vorbei.

Selma Engel erzählt

„Es wurde immer mieser. Die Leute waren deprimiert. Alles musste verdunkelt werden und dann kamen die Luftangriffe ... Wir hatten einen Luftschutzkeller gleich an der Mauer zum Nachbarn ... Der Keller hatte eine so genannte Luftschutztür, Notbetten aus Holz und ein Notklo. Immer wenn Sirenen einen Angriff anzeigten, bekam ich Durchfall. Wir saßen dicht an der Wand zum Nachbarn. Wir hörten die Bomben fallen und die Schüsse der deutschen Flak (Fliegerabwehr). Es war mir nicht möglich, das Zittern abzustellen. Wenn wir nach der Entwarnung nach oben gingen, sahen wir es über Köln brennen ... Als die Luftangriffe immer schlimmer wurden, schickte mich meine Mutter im Rahmen der Kinderlandverschickung weg. In den letzten Kriegsjahren war ich immer nur für kurze Zeit in Köln."
Selma Engel wurde am 1. September 1931 in Köln-Vingst geboren. Sie war acht Jahre alt, als der Krieg begann.

Selma Engel im Alter von fünf Jahren.

Emma Elf stand wie erstarrt vor den Bildern, die das zerstörte Köln zeigten. Sie bemerkte nicht, dass der Teufel in den Raum getreten war. Ihm folgten Mercur und der Heinzel. Sie blieben stumm und schauten sich um. Dann fragte der Teufel Emma Elf: „Sind alle Städte so verwüstet worden wie Köln?"

„Ich glaube, in Köln war es am schlimmsten", antwortete sie. „Das war die schrecklichste Katastrophe seit dem Normannensturm des Jahres 881."

„Wie lange hat die Schreckensherrschaft der Nationalsozialisten gedauert?", fragte der Heinzel.

„Zwölf Jahre", antwortete Emma Elf. „Dabei wollte Adolf Hitler das ‚Dritte Reich' errichten, das tausend Jahre dauern sollte."

„Und die zwei Reiche davor? Was waren das für Reiche", fragte der Heinzel nochmals nach.

„Das erste Reich war das ‚Heilige Römische Reich Deutscher Nation' im Mittelalter, das zweite war das Kaiserreich unter den Preußen und das dritte sollte eben das Reich der Nationalsozialisten werden."

‚Rheinische Kinder, ein Lesebüchlein für kleine Leute‘ ist auf dem Buchdeckel zu lesen. Das Bild zeigt ‚Pimpfe‘ der Hitlerjugend.

„Haben wir alles gesehen?“, fragte Mercur nachdenklich.

„Nein“, sagte Emma Elf. „Im Keller ist noch das Gestapogefängnis, das heute eine Gedenkstätte ist. Hier im EL-DE-Haus war die Zentrale der Geheimen Staatspolizei mit einem Gefängnis im Keller. Wie durch ein Wunder wurde das EL-DE-Haus nicht von Bomben zerstört und so sind die Gefängniszellen bis heute erhalten geblieben.“

„Sollen wir uns das angucken?“, fragte der Teufel.

„Nein“, sagte der Heinzel mit Nachdruck. „Ich habe jetzt genug von Unmenschlichkeit, Unterdrückung, Schmerz, Leid und Tod gesehen. Mehr kann ich jetzt nicht ertragen.“

Die anderen nickten. Ihnen ging es genauso und sie verließen bedrückt das EL-DE-Haus.

„Was soll das bedeuten: ‚1 000 Sinti und Roma‘?“, fragte Mercur Emma Elf und zeigte auf die Schrift, die in die Steinplatten des Bürgersteigs vor dem EL-DE-Haus eingelassen war.

„Sinti und Roma sind Volksgruppen, die auch von den Nazis verfolgt, deportiert und umgebracht wurden. Auf der Strecke, die sie zu Fuß zum Bahnhof Deutz gehen mussten, hat der Künstler Gunter Demnig ihnen an dreiundzwanzig Stellen mit dieser Schrift ein Denkmal gesetzt.“

Die Zeit nach dem Zweiten Weltkrieg

„Warum hast du uns hierhin geschleppt?“, wollte der Heinzel von Emma Elf wissen. „Ich finde es zwar sehr schön hier auf der Wiese im großen Beethovenpark, schöner als in der Innenstadt, aber warum sind wir hier?“

„Frische Luft schnappen“, sagte Mercur. „Bestimmt wegen der frischen Luft.“

„Glaub ich nicht“, sagte der Teufel. „Emma will uns bestimmt was zeigen. Sie geht doch nicht einfach so mit uns ins Grüne.“

„Der Teufel hat recht“, antwortete Emma Elf. „Ich will euch was von der Zeit nach dem Krieg erzählen. Ich weiß viel darüber, weil mich das interessiert und ich allen alten Leuten, die diese Zeit erlebt haben, Löcher in den Bauch frage. Auch Willi hat mir viel erzählt.“ Dann zeigte sie auf den hohen Berg im Beethovenpark. „Wie kommt der Berg in den Beethovenpark?“

„Ich hab‘ keine Lust, mir darüber den Kopf zu zerbrechen“, maulte der Heinzel. Auch die anderen schüttelten den Kopf und blickten lustlos umher.

„Dann eben nicht“, sagte Emma Elf plötzlich wütend und stampfte mit dem Fuß auf. „Das ist ein Schuttberg“, sagte sie dann trotzig. „Nach dem Krieg waren fast die gesamten Häuser der Altstadt und der Neustadt zerstört. Auch in vielen Vororten waren Bomben gefallen. Von 250 000 Wohnungen, die es vor dem Krieg gab, waren nach dem Krieg gerade mal 50 000 noch bewohnbar.“

Die Menge des Trümmerschutts, den der Krieg in Köln hinterlassen hatte, im Vergleich zum Kölner Dom.

„Dann waren 200 000 Wohnungen zerstört!“, rechnete der Heinzel mal wieder schnell aus.

„Die Stadt war ein riesiger Trümmerhaufen. Zweiunddreißig Millionen Kubikmeter Trümmer lagen in der Stadt.“

Schutt zu schaufeln war Ehrendienst. Der Mann mit Hut auf dem Bild ist Willy Millowitsch. Er war ein berühmter Schauspieler und Ehrenbürger von Köln.

„Kann ich mir nichts drunter vorstellen, Emma“, sagte der Teufel. „Ich weiß gar nicht, was ein Kubikmeter überhaupt ist.“

Mercur wusste es auch nicht.

„Ein Kubikmeter ist ..., ein Kubikmeter ist ...“, überlegte der Heinzel, „öh, öh, ein Meter lang, ein Meter breit und ein Meter hoch.“

„So, und jetzt stellt euch vor, den Inhalt dieses Würfels zweiunddreißigmillionenmal. Gegen diesen riesigen Schuttberg ist der Kölner Dom ein Winzling“, sagte Emma Elf.

„Und wer hat den Schutt weggemacht?“, erkundigte sich der Heinzel.

„Zuerst die Baufirmen, danach alle Kölner. Jeder sollte einen Tag lang Schutt räumen. Das war der ‚Ehrendienst‘. Dafür bekam man von der Stadt eine warme Mittagssuppe. Wenn man sich gemeldet hatte, erhielt man eine Schüppe und dann ging es los. Zuerst wurde der Schutt in Kipploren geschaufelt. Dann wurden fünfzehn bis zwanzig Wägelchen zu einem Zug verbunden und von einer Dampflok zur Schuttkippe oder zum Grüngürtel gezogen und abgekippt. Und deshalb gibt es heute an manchen Stellen in der Stadt hohe Berge“, sagte Emma Elf.

„Haben wirklich alle mitgemacht?“, fragte der Teufel und runzelte die Stirn. „Ich hätte das nicht gemacht. Nur für eine Suppe!“

„Na ja“, sagte Emma. „Schweigen wir drüber. Alle haben das nicht gemacht. Es gibt immer Drückeberger. Aber andere konnten einfach nicht arbeiten, weil sie noch vom Krieg verletzt waren oder schwach und krank, weil es zu dieser Zeit nichts zu essen gab. Alle hatten Hunger. Es gab kaum Brot oder Kartoffeln. Für die Kinder war das besonders schlimm. Damit sie nicht durch Unterernährung krank wurden, bekamen sie in der Schule die Schulspeisung. Das war meistens eine Erbsmehlsuppe, die zwar nicht gut schmeckte, aber sie war besser als gar nichts. Zur Abwechslung gab es auch mal eine süße Suppe. Manche Kinder kamen nur wegen der Suppe zur Schule. Sie konnten nicht richtig lernen, weil sie nicht genug geschlafen hatten. Sie sind in der Nacht oft aus dem Schlaf geschreckt, weil sie böse Träume vom Krieg hatten. Viele Schulen waren völlig zerstört, andere mussten notdürftig hergerichtet werden. Dann saßen die Kinder bei Regen in einer Klasse, in der das Wasser auf dem Boden stand. Kinder und Lehrer haben in den Trümmern Schulbänke, Tafeln und was sie sonst noch brauchten, gesucht. In einer Klasse waren oft fünfzig Schulkinder, manchmal sogar sechzig. Im Winter musste jedes Kind einen Brikett mitbringen, damit ein kleiner Ofen im Klassenzimmer geheizt werden konnte. Wenn kein Heizmaterial da war, wurden die Schulen geschlossen und die Kinder mussten sich nur die Hausaufgaben abholen."

Ein Care-Paket aus Amerika: sogar Schokolade war darin.

Kinder gehen mit Briketts, Ziegelsteinen und Essgeschirr zur Schule. Oft war das Essen dort die einzige Mahlzeit, die sie bekamen. Sie wurde mit den mitgebrachten Naturalien bezahlt.

‚Abends zu Hause' nach dem Krieg

Einmal sollten die Kinder einen Aufsatz schreiben. Das Thema lautete: ‚Abends zu Hause'. Da hat der Vater eines Jungen dem Lehrer einen Brief geschrieben. Darin stand: ‚Ich bedauere, dass der Junge über dieses Thema keinen Aufsatz schreiben kann. Wer das Leben im Bunker kennt, weiß, dass es nicht das Geringste mit einem Zuhause gemein hat. Wir haben keine Möbel, keine Wäsche, kein Porzellan, es gibt keine Tischdecken und kein abendliches gemütliches Zusammensein. Wir sind zu sechs Personen und haben gar nicht alle Platz zum Essen oder zum Zusammensitzen in unserer Kabine.'

„Es stimmt doch, dass ein Bunker ein Schutzbau aus dickem Beton und ohne Fenster ist, in dem die Bevölkerung bei Fliegerangriffen Schutz suchte?", fragte der Heinzel nach.

„Das stimmt", sagte Emma. „Aber weil es nach dem Krieg nicht genügend Wohnungen gab, haben die Familien darin gewohnt. Viele hausten auch in Kellern, Garagen, Ruinen, Hütten und Bretterbuden, sogar in Gefängnissen, ohne Wasser und Strom, ohne Gas und Feuer. Es war kalt und feucht in den überfüllten Wohnungen und oft gab es Zank und Streit. Es kam vor, dass der Vater abgemagert und krank aus

Nach dem Krieg kamen viele Kölner von der Flucht zurück.

der Kriegsgefangenschaft zurückkam. Die Kinder erkannten ihn oft gar nicht mehr und haben gefragt: Mama, was will denn der fremde Mann hier? Viele Kinder hatten gar keine Eltern mehr. Im Krieg waren sie zur Sicherheit aufs Land verschickt worden. Als sie zurückkamen, wussten sie nicht, wo ihre Eltern waren. Lebten sie – oder waren sie bei einem Bombenangriff getötet worden? Oder waren sie auch vor den Bomben aus Köln geflohen und kamen bald wieder zurück? Manchmal fanden die Kinder durch die Hilfe des Roten Kreuzes ihre Eltern wieder. Manche blieben auch Waisenkinder und mussten ins Heim.

Diese Schuhe aus Holz und Leder wurden um 1945, nach dem Krieg, angefertigt und verkauft. Sie haben sich noch bis vor etwa zwanzig Jahren im Bekleidungshaus Link am Alter Markt erhalten.

Es fehlte an allem. Wenn die Wohnung durch Bomben zerstört war, war das gesamte Hab und Gut verbrannt oder unter dem Schutt begraben. Man besaß nur noch die Sachen, die man auf dem Leib trug. Es war fast unmöglich, neue Kleider und Schuhe zu beschaffen. Deshalb mussten viele Kinder barfuß laufen und wurden krank. Im Winter konnten sie die Wohnung nicht verlassen, um zur Schule zu gehen. Alte Schuhe, die zu klein waren, wurden vorne aufgeschnitten, um den Zehen Platz zu machen. Aus den Uniformen der Soldaten nähte man Jacken, aus Küchenhandtüchern Kinderkleidchen und alte zerschlissene Pullover wurden aufgeribbelt und neue für die Kinder daraus gestrickt.

Der fürchterliche Krieg war zwar zu Ende, aber den Menschen ging es immer schlechter. Dann kam noch ein Winter, in dem es so kalt war, dass der Rhein mit einer dicken Eisschicht bedeckt und zugefroren war. Der Hunger und die Kälte wurden immer schlimmer. Die Menschen waren verzweifelt und hatten keine Kraft mehr. Jetzt musste der Stadtrat handeln und er richtete einen Hilferuf an die ganze Welt. Nun kamen aus vielen Ländern Pakete mit Nahrungsmitteln, so genannte Care-Pakete. Sogar Schokolade war darin, weil sie so nahrhaft ist. Jeder, der ein Paket bekam, freute sich natürlich."

Das Care-Paket aus Amerika enthielt Lebensmittel und Textilien.

„Du erzählst ja nur von schlimmen Zeiten", sagte der Teufel plötzlich.

„Aber so war es. Die Zeiten waren schlimm", sagte Emma. „Aber es war auch ein neuer Anfang mit einer demokratischen Ordnung nach zwölf Jahren Diktatur."

Hamstern, Fringsen und Schwarzmarkt

Nach dem Krieg fehlte es an allem: Lebensmittel, Kleidung, Haushaltsgegenstände, Werkzeug und vor allem Heizmaterial. Um diese zu beschaffen, gab es verschiedene Möglichkeiten. Auf dem Schwarzmarkt wurde zum Beispiel gegen Schmuck oder Lebensmittelmarken getauscht, aber das war verboten. Genauso wie das Stehlen von Lebensmitteln, Kohlen und anderen Brennmaterialien, die die Kölner so dringend im kalten Winder brauchten. Als Kardinal Josef Frings in der Silvesternacht 1946/47 predigte, dass „in der Not auch der einzelne wird nehmen dürfen, was er zur Erhaltung seines Lebens und seiner Gesundheit notwendig hat", fassten dies die Kölner als Bestätigung für ihr Tun auf. Seither heißt das ‚Organisieren', also Stehlen des Lebensnotwendigsten ‚Fringsen'. Viele zogen zu Fuß, auf Fahrrädern oder mit der Eisenbahn aufs Land, um dort bei den Bauern etwas Essbares zu bekommen, einzutauschen oder die Reste auf den abgeernteten Feldern zu ergattern. Diese Art der Beschaffung hieß ‚Hamstern'.

Auch Kinder beteiligten sich am Organisieren von Brennmaterial.

Sie hatten sich auf die Wiese gesetzt. Nicht weit von ihnen entfernt saß ein junges Mädchen. Plötzlich ertönte ein Klingelton. Das Mädchen suchte sein Handy und sprach hinein. Als Mercur das sah, war er ganz verwirrt. Mühsam musste Emma ihm erklären, was ein Handy ist. Mercur war fasziniert davon und sagte: „Heute wäre ich als römischer Götterbote völlig überflüssig. Mit dem Handy geht das alles viel schneller. So eines möchte ich auch mal haben."

„Soll ich Willi mal fragen, ob er uns abholen kommt?", fragte Emma. Dann stand sie auf und bat das Mädchen um das Handy. „Willi kommt gleich", rief sie, als das Gespräch beendet war.

„Dir tut man jeden Gefallen!", bemerkte der Teufel mal wieder neidisch.

Mit Vollgas in das Wirtschaftswunder

Willi war gut gelaunt, als er in den Park geschlendert kam.

„Ein schöner Tag ist das heute. Gut, dass du mich angerufen hast", meinte er fröhlich und setzte sich zu den vieren auf die Wiese.

„Kannst du uns nicht mal was erzählen. Du bist doch in der Zeit nach dem Krieg groß geworden. Du bist doch ein echter Zeitzeuge", sagte Emma Elf.

„Was bin ich?", fragte Willi.

„Ein Zeitzeuge! Du hast die Zeit des Wirtschaftswunders doch als Kind miterlebt."

„Stimmt", sagte Willi. Er ließ sich nicht lange bitten und begann:

„Die schlimmen Zeiten nach dem Krieg waren irgendwann vorbei und es ging aufwärts. Schon als die Stadt 1947 die Siebenhundertjahrfeier des Kölner Domes feierte, konnte man in den Geschäften auf der Hohe Straße wieder einkaufen. 1948 lief bereits der erste Ford nach dem Krieg vom Band – das Modell Taunus mit vierunddreißig PS und einem Vierzylinder-Ottomotor. Aber wer konnte sich schon ein Auto leisten? Das war doch Luxus! In den Fabriken wurde wieder kräftig gearbeitet und bald lief die Wirtschaft auf Hochtouren.

Der erste Ford nach dem Krieg war das Modell ‚Taunus', der Buckeltaunus.

Die Mädchen hatten Schleifen in den Zöpfen und spielten mit Puppen.

Es war die Zeit des ‚Wirtschaftswunders' in Deutschland. Es gab Arbeit für alle und gute Verdienstmöglichkeiten. Bald waren die Entbehrungen der Zeit im und nach dem Krieg vergessen. Es gab reichlich zu essen und alles zu kaufen. Die Frauen trugen Stöckelschuhe und schicke Kleider mit weiten Röcken. Die Männer trugen weiße Hemden, graue Anzüge und einen Hut. Die Kinder hatten Schuhe an den Füßen und ordentliche Kleidung. Die Mädchen trugen Zöpfe mit Schleifen und fuhren ihre Puppen im Puppenwagen spazieren. Die Jungen trugen Lederhosen und spielten mit Autos. In den Wohnungen standen neue Möbel und auf den Tischen lagen gebügelte Tischdecken. Mancher konnte sich nun auch ein Auto leisten und in Urlaub fahren.

Bald gab es immer mehr Arbeit, aber zu wenig Arbeitskräfte. Deshalb warb man in anderen Ländern, in denen es wenig Arbeit gab, Arbeitskräfte an. So kamen die ‚Gastarbeiter', Männer und Frauen aus Italien, Spanien, Portugal, Griechenland und später aus der Türkei nach Deutschland und auch nach Köln, um hier zu arbeiten.

Die Kölner wollten aber nicht nur essen und sich nett anziehen und arbeiten. Sie hatten auch Hunger nach Kultur. Sie wollten Bücher lesen, Kunstwerke sehen, Radio hören, ins Konzert, in die Oper und in das Theater gehen und die Museen besuchen.

Das Museum Schnütgen in der Cäcilienkirche öffnete zuerst wieder die Türen und zeigte seine Kunstschätze aus dem Mittelalter. Im Neubau des Wallraf-Richartz-Museums, dort wo heute das Museum für Angewandte Kunst untergebracht ist, konnte bald auch wieder die große Gemäldesammlung der Stadt gezeigt werden. Am Wallrafplatz war ein neues Funkhaus entstanden, aus dem Berichte, Hörspiele, Kinderfunk und Musik gesendet wurden. Das neue Opernhaus mit den Werkstätten und der Verwaltung entstand am Offenbachplatz. Einige Jahre später wurde dort auch das Schauspielhaus gebaut. Im wieder aufgebauten Gürzenich fanden Konzerte statt.

Ein besonderes Ereignis war die Bundesgartenschau, die 1957 im Rheinpark in Deutz stattfand. Eine Attraktion war die neue Seilbahn. Man konnte nun vom Rheinpark über den Rhein zum Zoo gondeln – oder umgekehrt. Auch ein kleiner Sessellift und eine Minieisenbahn fuhren durch den Park und waren bei den Besuchern beliebt. Im ‚Tanzbrunnen' fanden Konzerte oder Tanzveranstaltungen statt. Den Namen erhielt das Gelände durch einen ungewöhnlichen Brunnen, der in der Mitte ein begehbares Rondell hatte, das auch als Tanzfläche genutzt wurde. Das Rondell hatte ein außergewöhnliches Dach aus mehreren Faltschirmen. Auch heute finden auf dem Gelände des Tanzbrunnens viele Veranstaltungen statt. Der Rheinpark ist eines der größten Erholungsgebiete in der Nähe der Innenstadt für Kölner. Da ist am Wochenden immer was los!"

Museum Schnütgen in der Cäcilienkirche.

Moderne

Mit der Rheinseilbahn über Köln schweben: Fahrten täglich von April bis Oktober 10–18 Uhr Info-Hotline: 0221/547-41 84 www.koelner-seilbahn.de

Die Rheinseilbahn ist die einzige Seilbahn in Europa, die über einen Fluss führt.

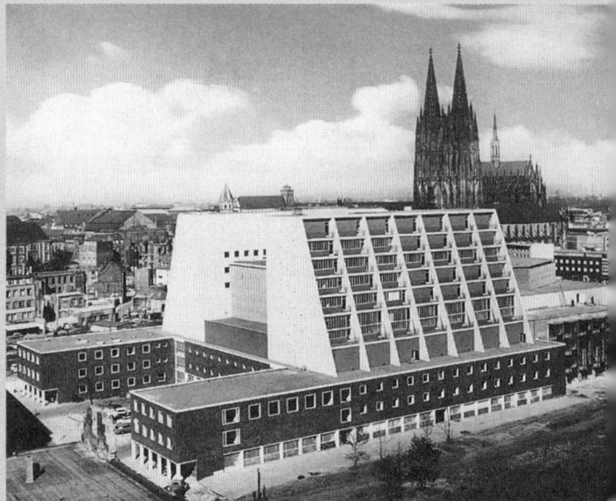

links: Der ‚Spanische Bau' des Rathauses wurde 1956 gebaut. Er überdeckt die Ausgrabung des römischen Praetoriums.

Das ‚Neue Köln'

rechts oben: Das neue Opernhaus am Offenbachplatz wurde von 1954 bis 1956 gebaut.

Willi schaute versonnen über die Wiese, als hätte er seine Zuhörer ganz vergessen. Als sein Blick bei Emma und ihren Freunden hängen blieb, die ihn gebannt anstarrten, lächelte er. Dann nickte er ihnen zu und fuhr fort:

„Über die Jahre war auch das ‚Neue Köln' entstanden. Es sah anders aus als das Köln vor dem Krieg. Viele Ruinen waren nicht wieder aufgebaut, sondern abgerissen worden und wurden durch Neubauten ersetzt. Zum Beispiel das alte Opernhaus am Rudolfplatz oder das Rathausgebäude mit dem Namen ‚Spanischer Bau'. Man wollte eine moderne Stadt mit Straßen, die besonders gut für den privaten Autoverkehr geeignet waren. So baute man den Autobahnring um die Stadt herum und die ‚Nord-Süd-Fahrt', eine breite Autostraße mitten durch die Altstadt. Auch die Zufahrten zu den Brücken wurden auf den Autoverkehr ausgerichtet, zum Beispiel bei der neu erbauten Severinsbrücke. Ehemals schöne Plätze wie etwa der Barbarossaplatz wurden zu ‚Verkehrsknotenpunkten'. Er ist heute vom Verkehr umbraust und kaum noch als Platz erkennbar.

Nach etwa zwanzig Jahren war aus der Trümmerstadt Köln eine moderne Großstadt mit vielen neuen Wohnsiedlungen in vielen Stadtteilen geworden. Im Norden der Stadt, zwischen Weidenpesch und Longerich, wurde die ‚Gartenstadt Nord' erbaut und in Mülheim die ‚Stegerwaldsiedlung'. Auch in anderen Stadtteilen wurden neue Siedlungen gebaut. Später kamen die großen Siedlungen ‚Neu- Brück', ‚Görlinger Zentrum' in Bocklemünd und der neue Stadtteil Chorweiler hinzu.

Die Severinsbrücke wurde 1959 eingeweiht.

Im Krieg waren auch alle großen romanischen Kirchen Kölns zerstört oder stark beschädigt worden. Nach und nach beseitigte man die Schäden oder baute die Kirchen wieder auf. 1985 waren alle Kirchen wieder hergestellt und man feierte das ‚Jahr der Romanischen Kirchen'. Denn Köln ist nicht nur für den gotischen Kölner Dom berühmt, sondern auch für die zwölf großartigen romanischen Kirchenbauten, die an das glanzvolle Mittelalter und das ‚hillige Coellen' erinnern.

Zur Erinnerung an die schrecklichen Zerstörungen des Krieges und an das Leid der Menschen wurde in der Kirche Alt-St. Alban beim Gürzenich eine Gedenkstätte geschaffen. Die zerstörte Kirche wurde nicht wieder aufgebaut. Inmitten der Ruine stehen zwei Statuen aus Stein.

Drei romanische Kirchen Kölns: links: St. Gereon Mitte: St. Kunibert rechts: St. Aposteln, davor die Statue von Konrad Adenauer.

Es sind die ‚Trauernden Eltern', die von der Künstlerin Käthe Kollwitz geschaffen wurden."

Die ‚Trauernden Eltern' in der Kirchenruine Alt-St. Alban.

Alle hatten Willi lange zugehört. Mercur und Heizel reckten sich und streckten sich dann lang ins Gras aus. „Puh!", entfuhr es dem Heinzel und auch Emma seufzte: „Mann, ganz schön viel Stoff!" Nur der Teufel blieb sitzen und ließ seinen Schwanz durch die Hände gleiten.

„Hat Köln auch was zu bieten, was nicht im Mittelalter gebaut wurde? Gibt's auch was Modernes, durch das Köln bekannt und berühmt ist?", meckerte er.

„Köln hat viel zu bieten", entgegnete Emma Elf. „ Aber ich glaube, du suchst nur wieder Streit", ergänzte sie wütend und sprang auf.

„Köln ist heute eine Millionenstadt und eine ...", sagte Willi ruhig, doch er wurde vom Teufel jäh unterbrochen.

„Na und?", zischte er und spuckte auf den Boden, dass es spritzte.

Allen war nun klar, dass er wirklich Streit suchte.

„Köln ist eine Medienstadt, eine Kunststadt, eine Musikstadt, eine Sportstadt, eine Messestadt und eine Universitätsstadt. In Köln-Deutz gibt es die größte Veranstaltungshalle Deutschlands: die Kölnarena. Oder das ‚Henkelmännchen', wie die Kölner diese Halle getauft haben, weil sie von einem hohen Stahlbogen überspannt wird. Bis zu 18 000 Besuchen finden in der Halle Platz, wenn Opern und Konzerte mit Weltstars stattfinden oder Eishockey gespielt wird."

Willi guckte auf die Uhr und sprang auf. „Ich muss zurück. Ich muss arbeiten. Los! Auf geht's zum Auto."

„Schade", sagte Emma Elf, „ich hätte dir gerne noch weiter zugehört."

Die Kölnarena für Sport und Freizeit ist die größte Veranstaltungshalle in Deutschland.

„Frag doch mal deine Omas und Opas, Tanten, Onkel, Lehrer und Lehrerinnen oder deine Eltern. Sie können dir auch viel erzählen", sagte Willi und stieg ins Taxi.

Als Mercur wieder vorne einstieg, bekam der Teufel einen Wutanfall.

„Das sehe ich nicht ein", schrie er. „Mich hat keiner gefragt. Ich will auch mal vorne sitzen! Warum wird Mercur immer bevorzugt? Los Mercur, mach Platz da. Ich will nach vorne." Er packte Mercur am Arm und wollte ihn aus dem Fahrzeug zerren, aber Mercur wehrte sich heftig.

Emma Elf tat so, als hörte sie nichts. Sie hatte keine Lust, auf den Teufel einzureden, und hoffte darauf, dass er von selbst Ruhe geben würde. Aber sie täuschte sich. Der Heinzel saß unterdessen schon wieder brav in der Mitte auf der Rückbank und wartete darauf, dass es losging. Er gähnte lang anhaltend und war mal wieder kurz davor einzuschlafen.

„Schluss jetzt, Teufel. Auf die Rückbank. Sonst kannst du zu Fuß gehen", fuhr ihn Willi unwirsch an und augenblicklich zog der Teufel den Schwanz ein, spuckte noch dreimal auf den Boden und setzte sich dann hinter Mercur. Er war total beleidigt und guckte mürrisch aus dem Fenster, als Willi losfuhr.

Plötzlich sagte Mercur: „Ich bin begeistert von Autos. Ich bin geradezu hingerissen davon, wie schnell man damit Entfernungen überwinden kann. Autos fahren viel schneller, als ich mit meinen Flügeln fliegen kann. Wenn ich ein Auto hätte, könnte ich noch schneller die Botschaften der Götter überbringen. Oder wenn ich ein Handy hätte – dann ginge es noch schneller. Ein Anruf und schon wäre die Nachricht der Götter bei den Menschen."

„Ich muss dir mal den Flughafen Köln/Bonn zeigen und mit dir irgendwo hinfliegen. Vielleicht in die Länder des Römischen Weltreiches, nach Italien, nach Spanien, nach Tunesien und Marokko in

Nordafrika. Dann wirst du noch mehr staunen, wie schnell ein Flugzeug Entfernungen zurücklegen kann."

„Ich setze euch am Bahnhof ab", unterbrach Willi Emma. Der Teufel guckte Willi feindlich an und hätte ihm am liebsten mit seinem Schwanz eine übergezogen.

„Ich will nicht am Bahnhof aussteigen", sagte er trotzig. „Ich will den Kölner Dom nicht sehen."

„Den Dom siehst du in Köln immer – aus allen Himmelsrichtungen. Das ist so", antwortete Willi und kümmerte sich gar nicht darum, was der Teufel wollte. Am Bahnhofsvorplatz bremste er. „Bis bald", sagte er. Mercur, der Teufel und der Heinzel stiegen aus. „Ich freu' mich auf Sonntag, dann guck' ich wieder ‚die Sendung mit der Maus'", sagte Willi zu Emma Elf.

„Ich auch. Ich komme zu dir. Und danke, dass du uns mit dem Taxi gefahren hast", sagte Emma Elf und kletterte aus dem Auto.

Als sie auf dem Bahnhofsvorplatz stand, wunderte sie sich: Wo ist der Heinzel? Wo ist der Teufel? Wo ist Mercur? Emma Elf guckte nach rechts und nach links und nach vorne und hinten, nach unten und nach oben. Aber sie sah die drei nirgends.

Wo sind die nur hin?, fragte sie sich. Sie setzte sich auf eine Stufe der Treppe, die zum Dom hinaufführte und wartete. Aber die drei kamen nicht. Nach einer Weile stand sie auf und ging auf den Taxi-Stand zu. „Haben Sie vielleicht den Teufel gesehen? Oder den Heinzel Mann? Oder Mercur?", fragte sie die Taxifahrer, die zu dritt zusammen standen und auf Fahrgäste warteten. Die drei guckten Emma Elf erstaunt an: „Wen sollen wir gesehen haben?", fragte einer von ihnen nach. „Na, den Teufel, den Heinzel und Mercur", antwortete Emma ihm. Aber die drei zuckten die Schulter. „Die sind hier nicht vorbeigekommen. Sonst hätten wir die gesehen, Mädchen", sagte der mit dem Spitzbauch. „Vielleicht sind die ganz woanders lang gegangen." Emma war ratlos. Wo sind die denn bloß hin? Warum sind die denn so blitzschnell verschwunden? Sie hätten doch einen Moment auf mich warten können. Ich wollte ihnen doch noch die U-Bahn zeigen und die Colonaden im Bahnhof und ... Ob ich sie je noch mal wiedersehe? Aber vielleicht treffen wir uns noch mal auf der Domplatte!, dachte Emma, man kann ja nie wissen.

Köln heute

Universitätsstadt Köln

Die Kölner Universität ist die größte Universität des Landes Nordrhein-Westfalen und die drittgrößte der Bundesrepublik. Sie wurde im Jahr 1388 von den Kölner Bürgern gegründet. Aus der Zeit des Mittelalters stammt auch das erste Siegel, das die Heiligen Drei Könige bei Maria mit dem Jesuskind zeigt. An der Universität kann man heute viele Wissenschaften studieren, zum Beispiel Medizin, Mathematik, Naturwissenschaften, Erziehungswissenschaften, Philosophie und Rechtswissenschaften.

Vor der neuen Universität steht eine Skulpur von Albertus Magnus des Kölner Künstlers Gerhard Marcks, die seine Bedeutung als Lehrer und Universitätsmitbegründer zeigt.

Neben der Universität gibt es noch die Deutsche Sporthochschule Köln, die Hochschule für Musik, die Kunsthochschule für Medien und weitere vier Fachhochschulen. In Köln studieren heute etwa 90 000 Studenten. Die Kölner Universität bietet auch besondere Workshops und Vorlesungen für Kinder unter dem Namen ‚Kölner KinderUni' an (www.uni-koeln.de/uni/kinderuni).

Sportstadt Köln

Jedes Jahr findet der ‚Köln Marathon' statt, der 42,195 Kilometer durch Köln führt. Mehr als 20 000 Sportler nehmen daran teil, neben den Läufern starten auch Inline-Skater und Handbiker. Am Marathon beteiligen sich außerdem 200 Schulen mit etwa 350 Mannschaften. Die Schüler teilen sich die Strecke auf, so dass jeder Schüler nur eine Teilstrecke bewältigen muss.

Im RheinEnergieStadion in Müngersdorf werden die Fußballspiele des 1. FC Köln ausgetragen. Er ist Hauptmieter des Stadions und zählt 20 500 Mitglieder. Im

Das RheinEnergie Stadion in Müngersdorf hat den Spitznamen ,Schmuckkästchen'. Das Stadion fasst bis zu 51 000 Zuschauer.

Stadion wird auch American Football gespielt, zudem ist es ein Veranstaltungsort für Konzerte. Wenn man an einer Führung teilnimmt, kann man das Stadion besichtigen (www.stadion-koeln.de). In Müngersdorf hat die Deutsche Sporthochschule ihren Sitz.

Gleich neben dem Schokoladenmuseum befindet sich das Deutsche Sport- und Olympiamuseum. Es lässt in seiner Dauerausstellung die Geschichte des Sports, von den Griechen bis in die Gegenwart, lebendig werden.

Den Einwohnern Kölns stehen achtunddreißig städtische Sportanlagen und fünfzehn Bäder zur Verfügung. Neben dem Stadion in Müngersdorf gibt es noch das Südstadion, das Radstadion, das Reit- und Baseballstadion, das Eis- und Schwimmstadion und den Sportpark Höhenberg. Hinzu kommt eine öffentliche Golfanlage und die Pferderennbahn in Weidenpesch.

Kunststadt Köln

Die Kunst hat in Köln eine lange Geschichte. Schon im Mittelalter war Köln berühmt für seine Maler, Goldschmiede, Glasmaler und Holzschnitzer. Franz Ferdinand Wallraf und Alexander Schnütgen waren eifrige Sammler dieser Kunstwerke aus dem Mittelalter. Beide schenkten ihre großen Kunstsammlungen der Stadt Köln. Sie wurden zum Grundstock für das Wallraf-Richartz-Museums und das Museum Schnütgen. Nach dem Zweiten Weltkrieg stiftete der Kunstsammler Josef Haubrich seine Sammlung moderner Kunst der Stadt. Heute sind diese Kunstwerke im Museum Ludwig zu sehen, das seinen Namen von einem anderen bedeutenden Stifterpaar hat: denn auch das Ehepaar Peter und Irene Ludwig schenkte der Stadt ihre Sammlung amerikanischer Kunst der Pop Art und viele Bilder des Künstlers Pablo Picasso. Sie sind heute ebenfalls in dem Museum zu sehen.

Das Museum Ludwig an der Ostseite des Domes.

Eine bedeutende Messe für Kunst mit Besuchern aus aller Welt ist die ‚Art Cologne', die jedes Jahr im November stattfindet. In Köln sind auch etwa hundert Galerien angesiedelt, die Kunstwerke ausstellen und mit ihnen handeln.

Medienstadt Köln

Köln ist der wichtigste Standort für Fernseh- und Hörfunk in Deutschland. Der Westdeutsche Rundfunk (WDR) ist die größte, nicht private Sendeanstalt auf dem europäischen Kontinent. Etwa 300 andere Medienfirmen arbeiten mit dem WDR zusammen. Ein Star des WDR ist ‚Die Maus'. Seit 1971 informiert und unterhält ‚die Sendung mit der Maus' jeden Sonntag etwa zwei Millionen Kinder und Erwachsene mit ihren Lach- und Sachgeschichten. Zum WDR gehören auch sechs verschiedene Radioprogramme. Auch ein privater Fernsehsender hat in Köln seinen Standort: RTL.

Moderne

Der Mediapark mit dem Riesenfilmpalast ‚Cinedom'.

Die WDR-Arkaden an der Ecke Breite Straße/Tunisstraße.

Im Stadtteil Ossendorf ist eine Vielzahl von Studios entstanden. Unter dem Namen ‚Coloneum' werden hier nicht nur Fernsehproduktionen, sondern auch Kinofilme gedreht. In der Nähe von Köln, in Hürth, stehen weitere Studios, in denen Shows, Serien und Filme gedreht werden. In Bocklemünd sind die Studios des WDR angesiedelt. Hier werden etliche Serien, ‚Käpt'n Blaubär' und ‚Wissen macht Ah!' produziert.

In Köln gibt es auch die Möglichkeit, an der Fachhochschule für Medien zu studieren. Viele Unternehmen und Institutionen der Medienwirtschaft sowie ein großes Multiplexgroßkino mit 3 600 Plätzen haben sich im ‚Mediapark' angesiedelt.

Millionenstadt Köln

Am 1. Januar 1975 wurde Köln Millionenstadt, weil die Städte Porz und Wesseling, die Gemeinde Rodenkirchen und Teile der Gemeinden Bornheim, Brauweiler, Hürth und Lövenich nach Köln eingemeindet wurden. Dadurch stieg die Einwohnerzahl auf über eine Million an. Die Stadt wurde in neun Stadtbezirke eingeteilt. Jeder Stadtbezirk hat eine Bezirksregierung und ein Bezirksrathaus.

Köln blieb aber nicht lange Millionenstadt, weil Wesseling eine eigene Stadt bleiben wollte und dies auch bei Gericht durchsetzen konnte. Dadurch sank die Einwohnerzahl wieder unter eine Million.

Erst 1991 wurde dann die millionste Kölner Bürgerin mit dem Namen Anna-Lisa geboren. Seither schwankt die Zahl, Köln ist immer mal wieder für kurze Zeit eine Millionenstadt, dann wieder nicht.

Musikstadt Köln

Schon seit 1850 ist Köln eine Musikstadt, denn zu dieser Zeit wurde das ‚Conservatorium der Musik in Coeln' gegründet, woraus 1925 die ‚Musikhochschule' und die ‚Rheinischen Musikschule' entstanden. Heute studieren etwa 1 200 junge Leute aus fünfzig Nationen an der Musikhochschule. An der Rheinischen Musikschule können Kinder und Jugendliche ein Instrument erlernen, im Orchester mitspielen oder im Chor singen. Auch die ‚Offene Jazz Haus Schule' in der Eigelsteintorburg hat viele Angebote, sich musikalisch zu betätigen.

Wer in Köln lebt oder zu Besuch kommt, kann täglich viele unterschiedliche Musikveranstaltungen besuchen. Im Kölner Opernhaus, das Plätze für 1 300 Besucher hat, werden nicht nur Opern für Erwachsene, sondern auch für Kinder aufgeführt. Die Kinderoper in der Yakult Halle im Foyer des Opernhauses hat eine kleine Bühne und Platz für 130 Personen. In der Philharmonie finden Konzerte unterschiedlicher Musikrichtungen statt: Klassische Musik, Jazz und volkstümliche Musik aus Köln. Wenn spezielle Konzerte für Kinder auf dem Spielplan stehen, sind die 2 000 Plätze der Philharmonie schnell ausgebucht. Konzerte mit klassischer Musik finden auch im großen Saal des WDR oder in den romanischen Kirchen statt. Im Musical Dome am Rheinufer werden ausschließlich Musicals aufgeführt.

Die Philharmonie.

Auf dem ‚Kölner Ringfest', das einmal im Jahr stattfindet, wird Rock- und Popmusik auf großen und kleinen Bühnen dargeboten. In der ‚Kölnarena' in Deutz finden große Musikveranstaltungen statt, bei denen bis zu 18 000 Besucher den großen internationalen Stars aus Oper und Konzert, aus Pop und Rock zuhören können. Das Gürzenich-Orchester und das WDR-Sinfonieorchester sind die Hausorchester der Philharmonie. In Köln gibt es zahlreiche Musikgruppen aus den unterschiedlichsten Musikbereichen: Klassik, Chormusik, Jazz, Rock, Pop, Unterhaltungsmusik, Karnevalsmusik und Kölsche Lieder.

Messestadt Köln

Der Handel spielt in Köln schon seit den Römern eine wichtige Rolle. Durch die günstige Lage mitten in Europa und am Rhein ist Köln bis heute ein Zentrum des Handels und ein beliebter Messestandort. Auf den Messen zeigen die Hersteller ihre neuen Produkte den Fachleuten

Die neue Koelnmesse wurde im Januar 2006 eröffnet.

und anderen Besuchern. Die Koelnmesse in Deutz ist der viertgrößte Messestandort der Welt. Mehr als fünfzig Messen mit weit über einer Million Besucher aus aller Welt finden jedes Jahr statt. Messen mit sehr hohen Besucherzahlen sind zum Beispiel die ‚photokina', die ‚Anuga', und die ‚imm cologne', die internationale Möbelmesse.

Alle Wege führen nach Köln ...

... zu Lande, zu Wasser und in der Luft! Wer nach Köln will, hat die freie Auswahl. Köln liegt im Herzen Europas und ist auf allen Verkehrswegen prima zu erreichen.

Mit dem Auto

Das Kölner Stadtgebiet wird von den Autobahnen A1, A3 und A4 umschlossen. Dieser Ring um die Stadt zählt zu den am meisten befahrenen Straßen Deutschlands. Rund 100 000 Fahrzeuge sind jeden Tag auf dem Ring unterwegs, auf der A3 sogar 160 000 Fahrzeuge.

Die Bahnhofshalle des Kölner Hauptbahnhofs gehört zu den größten Europas.

Mit der Bahn

Der Kölner Hauptbahnhof ist einer der wichtigsten Knotenpunkte im europäischen Bahnnetz. Er zählt zu den verkehrsreichsten Bahnhöfen. Aus allen Teilen Deutschlands gibt es direkte Verbindungen nach Köln, zum Beispiel aus Berlin, Hamburg und München oder aus dem Ausland von Paris (Frankreich) und Basel (Schweiz) aus. Der Kölner Hauptbahnhof ist zudem ein Einkaufszentrum mit etwa sechzig Geschäften, Restaurants und Cafés. Das Zentrum mit dem Namen ‚Colonaden' ist im Jahr 2000 eröffnet worden.

links: Flughafen Köln/Bonn.

Mit dem Flugzeug

Der Flughafen ‚Köln Bonn Airport' wird von etwa fünfzig Fluglinien angeflogen. Es stehen Flüge aus 110 Städten in ganz Europa auf dem Flugplan. Mit mehr als acht Millionen Fluggästen 2005 hat der Flughafen einen neuen Rekord erreicht.

Mit dem Schiff

Ein Schiff der Köln-Düsseldorfer (KD).

Köln ist auch auf dem Schiffsweg zu erreichen. Die Köln-Düsseldorfer Deutsche Rheinschiffffahrt AG (KD) fährt im Linienverkehr auf dem Rhein und bietet Ausflugsfahrten an – allerdings nur in den Frühlings- und Sommermonaten. Sie besteht schon seit 1826! Auch andere, jüngere Unternehmen bieten Touren von den Anlegern an der Frankenwerft an.

In der Stadt

Die Kölner Verkehrsbetriebe AG (KVB) betreiben ein 288 Kilometer langes Bahnnetz mit fünfzehn Bahnlinien und 363 Bahnen. Hinzu kommen noch 298 Busse, die auf vierundvierzig Linien fahren. Das Streckennetz der Busse ist etwa 526 Kilometer lang. Im Jahr benutzen mehr als 240 Millionen Fahrgäste die KVB. Zurzeit ist eine neue U-Bahn-Linie im Bau. Die Nord-Süd-Stadtbahn wird den Breslauer Platz hinter dem Hauptbahnhof mit dem Kölner Süden verbinden und die Fahrzeit wesentlich verkürzen.

Was du noch wissen solltest – zum Nachschlagen

Daten zur Geschichte der Stadt Köln

um 50 v. Chr.
Die Römer haben Gallien bis zum Rhein hin erobert.

um 38–12 v. Chr.
Der Germanenstamm der Ubier wird durch den Statthalter Galliens, Agrippa, in das Römische Reich aufgenommen. Das Oppidum Ubiorum entsteht an der Stelle des heutigen Köln.

um Christi Geburt
Zu Ehren der Stadtgöttin Roma und des Kaisers Augustus wird ein Heiligtum errichtet *(ara)*.

50
Agrippina veranlasst ihren Mann, Kaiser Claudius, ihren Geburtsort zu einer Stadt römischen Rechts zu erheben. Diese bekommt den Namen Colonia Claudia Ara Agrippinensium, abgekürzt: CCAA.

um 100
Köln ist zur Hauptstadt der Provinz Niedergermanien geworden. Die Stadt entwickelt sich zu einem bedeutenden Handelszentrum am Rhein.

bis Mitte 3. Jh.
Bis auf einen Aufstand herrscht Frieden und Wohlstand unter der römischen Herrschaft.

ab 310
Der römische Kaiser Konstantin lässt das Kastell Divitia (Deutz) und die erste feste Rheinbrücke errichten.

313
Maternus wird als Bischof von Köln genannt. Zum ersten Mal ist eine christliche Gemeinde in Köln durch eine Urkunde bezeugt.

355
Die Franken erobern die Stadt.

356
Der spätere König Julian erobert Köln zurück.

um 455
Ende der römischen Herrschaft.

507/508
Der Merowinger Chlodwig lässt sich in Köln zum König aller Franken ausrufen.

629
König Dagobert übernimmt die Regierung des Frankenreichs. Einer seiner Berater ist der Kölner Bischof Kunibert.

um 715
Plektrudis, die Frau Pippins II., zieht sich auf den Kapitolshügel zurück. Später entsteht hier das Stift mit der Kirche St. Maria im Kapitol.

vor 787
Karl der Große gründet das Erzbistum Köln und ernennt 794 Hildebold zum ersten Erzbischof. Der Kölner Erzbischof war lange Zeit einer der mächtigsten Männer im Heiligen Römischen Reich.

870/873
Weihe des zwanzig Jahre zuvor begonnenen Baus des Alten Domes.

881/882
Die Normannen erobern und zerstören Köln.

953
Bruno wird Kölner Erzbischof. Mit Bruno beginnt die Stadtherrschaft der Erzbischöfe in Köln. Er gründet St. Pantaleon und St. Andreas.

Erste Stadterweiterung im Mittelalter.

1074
Der Aufstand der Kölner Bürger gegen Erzbischof Anno II. wird blutig niedergeschlagen.

1106
Zweite Stadterweiterung im Mittelalter.

1114
Zum ersten Mal wird ein Stadtsiegel erwähnt.

1164
Erzbischof Reinald von Dassel bringt die Gebeine der Heiligen Drei Könige nach Köln. Seither kommen viele Pilger in die Stadt und zur Verehrung der Heiligen in den Dom.

1135
Erste Erwähnung eines Rathauses, eines *domus civium* (Haus der Bürger).

1180
Dritte Stadterweiterung im Mittelalter.

1181
Der Goldschmied Nikolaus von Verdun beginnt die Arbeit am Dreikönigenschrein. Er wird nach vierundvierzig Jahren Arbeit 1225 vollendet.

1248
Erzbischof Konrad von Hochstaden legt den Grundstein zum Kölner Dom. Der erste Dombaumeister ist Meister Gerhard.

1259
Erzbischof Konrad von Hochstaden verleiht den Kölner Bürgern das Stapelrecht. Darauf gründet der Wohlstand der Stadt.

1268
Schlacht an der Ulrepforte: Die Bürger wehren sich erfolgreich gegen einen Angriff des Erzbischofs.

1288
In der Schlacht bei Worringen stehen die Kölner Bürger auf der Seite der Sieger. Ihr Gegner, der Erzbischof Siegfried von Westerburg, wird gefangen genommen.

1322
Der gotische Chor des Kölner Domes ist fertig gestellt und wird geweiht.

1349
Die Pest wütet in Köln. Da den Juden dafür die Schuld gegeben wird, stecken aufgebrachte Kölner deren Stadtviertel in Brand.

1388
Gründung der Kölner Universität.

1396
Der ‚Verbundbrief' tritt in Kraft. Die Gaffeln und Zünfte regieren nun die Stadt.

1414
Der Ratsturm als Zeichen des Gemeinwesens und Bürgerstolzes ist vollendet.

1424
Die Juden werden vom Rat aus der Stadt ausgewiesen. Damit verschwindet die einst größte jüdische Gemeinde nördlich der Alpen. Erst unter Napoleon, fast vierhundert Jahre später, können Juden wieder in Köln leben.

1444
Der Gürzenich als Tanz- und Kaufhaus ist vollendet.

um 1445
Stefan Lochner malt das Tafelbild ‚Altar der Stadtpatrone' für die Ratskapelle. Nach deren Abriss wurde es 1809 in den Kölner Dom gebracht und für alle sichtbar aufgestellt.

1451
Stefan Lochner stirbt an der Pest.

1475
Kaiser Friedrich III. ernennt Köln zur Freien Reichsstadt.

1528
Letzte Nachrichten von Arbeiten am Kölner Dom.

1571
Die Renaissance-Laube am Rathaus wird fertig gestellt.

1606
Das Zeughaus wird vollendet. Es steht zum Teil auf den Resten der römischen Stadtmauer.

1686
Nachdem sein Aufstand gegen den Rat der Stadt gescheitert ist, wird Nikolaus Gülich hingerichtet.

1714
Johann Maria Farina beginnt die Produktion von ‚Aqua Mirabilis', später Kölnisch Wasser (Eau de Cologne) genannt. Zahlreiche Nachahmer versuchen mit eigenen Rezepten an dem Erfolg des Duft- und Heilwassers teilzuhaben.

1792
Wilhelm Mülhens eröffnet eine Produktionsstätte für Eau de Cologne in der Glockengasse, die bis heute unter dem Namen ‚4711 Echt Kölnisch Wasser' Parfüm verkauft.

1794
Französische Revolutionstruppen besetzen Köln, das so seinen Status als Freie Reichsstadt verliert. Es heißt, damit sei das Mittelalter in Köln beendet.

1798
Die Franzosen lösen die Universität auf.

1801
Juden dürfen ihre Religion in Köln ausüben.

1802
Protestanten (Evangelische) dürfen Gottesdienst feiern.

Die kirchlichen Einrichtungen werden aufgehoben und deren Vermögen vom Staat eingezogen. Diesen Vorgang nennt man Säkularisation. Zahlreiche Schreine, Altäre und Gemälde aus den Kölner Kirchen und Klöstern gehen verloren. Manche tauchen viele Jahre später in Museen im Ausland, in Kirchen anderer Städte oder im Privatbesitz auf und sind so gerettet worden.

1804 und 1811
Napoleon besucht Köln.

1810
Der Friedhof Melaten vor den Toren Kölns wird eröffnet, nachdem Napoleon aus hygienischen Gründen verboten hat, dass Tote innerhalb der Kölner Stadtmauern beerdigt werden.

1814
Preußische Truppen besetzen Köln.

ab 1815
Köln wird zur Festungsstadt ausgebaut.

1816
Das erste Dampfschiff fährt auf dem Rhein.

1823
Der erste Rosenmontagszug zieht vom Neumarkt aus durch die Straßen.

1826
Die Firma Felten & Guilleaume wird gegründet.

1839
Die erste Eisenbahnstrecke zwischen Köln und Müngersdorf wird in Betrieb genommen.

1842
König Friedrich Wilhelm IV. legt den Grundstein zum Weiterbau des Kölner Domes.

1848
Revolution in Köln.

nach 1850
Die Industrie breitet sich in Köln aus.

1859
Die Eisenbahnbrücke ‚Muusfall' (Mausefalle) wird als erste Brücke in Köln seit Konstantin dem Großen eröffnet.

1860
Der Kölner Zoo eröffnet. Davon zeugt noch das 1863 errichtete ehemalige Elefantenhaus im maurischen Stil.

1861
Das Wallraf-Richartz-Museum wird eröffnet.

Die neue große Synagoge in der Glockengasse wird eingeweiht.

1864
Nikolaus August Otto erfindet den Viertaktmotor. Er gründet in Köln mit Eugen Langen die erste Motorenfabrik der Welt, wo er den ‚Ottomotor' serienmäßig herstellt.

1870/71
Gründung des Deutschen Reiches.

nach 1870
Köln entwickelt sich zu einem bedeutenden Industriestandort im Rheinland.

1872
Das Wasserwerk ist vollendet.

1876
Das Gaswerk in Ehrenfeld wird in Betrieb genommen.

1878
Auf dem Heumarkt wird das Denkmal für Friedrich Wilhelm III. enthüllt.

1880
Der Kölner Dom ist vollendet; nach den großen Feierlichkeiten unter Anwesenheit des Königspaares dauert es noch drei Jahre, bis alle Gerüste abgebaut sind.

1881
Der Abriss der Stadtmauer beginnt. Dies hatte auch symbolisch große Bedeutung, denn nach der jahrhundertelangen Abgeschlossenheit der Stadt nach außen begrüßte man nun die Offenheit. Auf Intervention des preußischen Kulturministeriums wurden immerhin zwei Türme (Bottmühle und Ulrepforte), drei Tore (Severins-, Hahnen- und Eigelsteintor) und drei Teilstücke am Hansa- und Sachsenring sowie an der Bottmühle vom Abriss verschont.

1888
Eingemeindung weiterer Vororte. Köln vergrößert sich.

1890
Das Elektrizitätswerk am Zugweg wird eröffnet.

1894
Der Kölner Hauptbahnhof wird eröffnet.

1901
Die ersten elektrischen Eisenbahnen fahren durch Köln.

1910
Die Vororte Kalk und Vingst werden eingemeindet.

1911
Die ‚Muusfall' wird durch die Hohenzollernbrücke ersetzt.

1914
Die Stadt Mülheim und weitere rechtsrheinische Orte von Rath bis Dünnwald werden eingemeindet.

1914
Der Erste Weltkrieg beginnt.

1917–1933
Konrad Adenauer ist Oberbürgermeister von Köln.

bis 1918
Im Ersten Weltkrieg sterben 15 000 Kölner.

1919
Die Kölner Universität wird wieder gegründet. Sie genießt bald einen sehr guten Ruf.

ab 1920
Sprengung der von den Preußen angelegten Festungsanlagen. Die Stadt kann sich nun ungehindert ausdehnen.

1922
Die linksrheinischen Orte um Worringen werden eingemeindet.

1923
Konrad Adenauer hat verhindert, dass der Bereich vor den gesprengten Festungsanlagen der Forts, das einstige Schussfeld, bebaut wird. So entsteht der ‚Grüngürtel'. Dort wird das Müngersdorfer Stadion eröffnet.

1926
Der Westdeutsche Rundfunk (WDR) sendet sein Rundfunkprogramm aus Köln, über 700 000 Menschen können die Sendungen empfangen.

1927
Bau der ersten Autobahn von Köln nach Bonn.

1929
Die Mülheimer Brücke, die längste Hängebrücke Europas, wird vollendet.

Die Weltwirtschaftskrise ist auch in Köln deutlich zu spüren. Hohe Arbeitslosigkeit und Inflation, damit verbunden Hunger und Not waren die Folge.

1930
Die Nationalsozialisten (NSDAP) siegen bei den Reichtagswahlen.

Henry Ford und Konrad Adenauer legen den Grundstein für die Ford-Werke Köln.

1933
Die Nationalsozialisten übernehmen die Macht in Köln und im ganzen Deutschen Reich.

Boykott gegen jüdische Geschäfte und Bücherverbrennung vor der alten Universität in der Claudiusstraße.

1934
Die Universität zieht nach Lindenthal um.

1935
Die Gestapo (Geheime Staatspolizei) zieht in das EL-DE-Haus ein und richtet dort ihre Zentrale ein.

1936
Adolf Hitler besucht Köln.

1938
In der Nacht vom 9. auf den 10. November brennen in Deutschland die Synagogen (Reichskristallnacht). Auch alle Kölner Synagogen fallen den Flammen zum Opfer. Jüdische Geschäfte und Wohnungen werden verwüstet und geplündert, Menschen geschlagen, verletzt und von der Gestapo verschleppt.

1939
Der Zweite Weltkrieg beginnt.

1940/41
Die Deportationen von Sinti, Roma und Juden beginnen.

1942
Tausend-Bomber-Angriff auf Köln.

DIE SCHWERSTEN ANGRIFFE DER LUFTWAFFE VON DER R.A.F. WEIT ÜBERBOTEN

Mehr als 1000 Bomber auf einmal eingesetzt

Die Offensive der Royal Air Force in ihrer neuen Form hat begonnen

1945
Im linksrheinischen Köln leben nur noch 44 000 Menschen.

1945
Der Zweite Weltkrieg ist zu Ende.

Konrad Adenauer wird erneut Oberbürgermeister, gibt das Amt aber auf, da er beim politischen Wiederaufbau Deutschlands helfen will.

1946/47
Predigt Kardinal Josef Frings in der Silvesternacht, aufgrund der das ‚Organisieren', also Stehlen des Lebensnotwendigsten, fortan „Fringsen" heißt.

1947
Große Hungerdemonstration in Köln.

1948
Die 700-Jahrfeier des gotischen Kölner Domes gibt den Menschen Hoffnung.

Der WDR beginnt den Bau des ‚Funkhaus am Wallrafplatz'.

1953
Die Ruinen des Praetoriums unter dem Neubau des Rathauses können besichtigt werden.

1955
Der Gürzenich ist wieder aufgebaut.

1956
Feierliche Wiedereröffnung des Kölner Domes.

1957
Das neue Opernhaus wird eröffnet.

1962
Der 1. FC Köln wird Deutscher Fußballmeister.

1963
An der Zeughausstraße findet der erste Rammschlag für den Bau der U-Bahn statt.

1966
Die Zoobrücke wird eingeweiht.

1968
Der viermillionste Ford läuft am 20. Juni vom Band. Mit 37 098 Menschen in den Betrieben sind die Ford-Werke ein bedeutender Arbeitgeber in Köln.

1970
Ein Teil der Domplatte wird für Fußgänger freigegeben.

1972
Der Kölner Autor Heinrich Böll erhält den Literatur-Nobelpreis.

1974
Das Römisch-Germanische Museum wird eröffnet.

1975
Porz und Wesseling werden eingemeindet.

Nach zwanzigjähriger Arbeit ist der Wiederaufbau des Ratsturmes vollendet.

1976
Wesseling wird wieder selbstständig.

1980
Papst Johannes Paul II. besucht Köln.

1985
Die romanischen Kirchen Kölns sind größtenteils restauriert. Die Kölner feiern das Jahr der romanischen Kirchen.

1986
Die Philharmonie und der Neubau des Wallraf-Richartz-Museum – Museum Ludwig werden eröffnet.

1992
Köln ist für einige Zeit Millionenstadt.

1994
Der Bayenturm ist wieder aufgebaut (FrauenMediaTurm).

1999
Irene und Peter Ludwig schenken der Stadt ihre Gemälde des Malers Pablo Picasso.

Der Weltwirtschaftsgipfel, eine Veranstaltung der Regierungschefs der sieben größten Industrienationen, findet in Köln statt.

2001
Der Neubau des Wallraf-Richartz-Museums wird am Rathausplatz eröffnet. Das Museum Ludwig zeigt nun auch die Picassosammlung des Ehepaares Ludwig.

2004
Nach der grundlegenden, Sanierung des Müngersdorfer Stadions öffnet es als RheinEnergieStadion erneut seine Tore.

Glossar – ein Mittel gegen unverständliche Begriffe

Manche Begriffe im Buch waren dir vielleicht nicht geläufig. Du kannst sie hier nachschlagen und dir erklären lassen.

Archäologen Wissenschaftler, die Überreste in der Erde aus vergangenen Zeiten erforschen.

Barocker Baustil Von etwa 1600 bis 1750 baute man in Europa vor allem Kirchen und Schlösser im barocken Baustil. Man erkennt ihn an den geschwungenen und ausladenden Formen, später auch an den vielen Verschnörkelungen und Überladungen. Ganz typisch sind kleine, kindhafte Engelsfiguren, so genannte Putten.

Bischof/Erzbischof Der Bischof ist der höchste Geistliche in einem kirchlichen Amtsbezirk, der Diözese oder Bistum genannt wird. Der Bischof wird vom Papst ernannt. Als Zeichen seines Amtes trägt er einen Ring, die Bischofsmütze (Mitra) und den Bischofsstab. Ein Erzbischof steht einer Erzdiözese vor, die aus mehreren Diözesen gebildet wird.

Bunker Schutzbau aus Beton für die Bevölkerung im Krieg.

Bronze Kunstmetall, das aus Kupfer und Zinn zusammengeschmolzen wird und sehr dauerhaft ist. Es kann durch gießen, Schmieden oder Hämmern in jede Form gebracht werden.

Chor Bezeichnung für den Kirchenraum, in dem die Geistlichen, Mönche oder Nonnen beten und in dem der Hauptaltar steht.

Erzbischof siehe Bischof.

Exerzieren Einüben bestimmter Tätigkeiten bei der militärischen Ausbildung, zum Beispiel marschieren.

Fassade Vorderseite eines Gebäudes.

Fiale Schlanker, spitzer Zierturm an gotischen Kirchen oder Gebäuden.

Gaffeln Vereinigungen der Handwerker und Kaufleute im Mittelalter.

Glossar Glossen sind Wörter, die man erklären muss (das Wort kommt aus dem Griechischen). Das Glossar ist eine Zusammenstellung dieser Wörter.

Gotischer Baustil Merkmale der Gotik sind spitze Bögen, große Fenster und ein hoher Kirchenraum.

Harnisch Brust- und Rückenteil der Ritterrüstung.

Historiker Wissenschaftler, die sich mit der Erforschung der Vergangenheit beschäftigen.

Jüngstes Gericht Auch Weltgericht. Geht auf die Vorstellung zurück, dass am Ende der Zeiten Gott Gericht hält und die Menschen nach ihren Taten beurteilt. Er scheidet die Guten, die in den Himmel aufgenommen werden, von den Bösen, die in die Hölle gestoßen werden.

Kapitolinische Trias Jupiter Optimus Maximus, seine Gemahlin Juno und seine Tochter Minerva waren in römischer Zeit die Schutzgottheiten des Staates. Sie wurden in einem Tempel verehrt, der auf einem Hügel stand. In Köln entstand in den Mauern des Tempels die Kirche St. Maria im Kapitol.

Kastell Römischer Name für Festung.

Kreuzblume Kreuzförmiges Blattgebilde aus Stein, das die Turmhelme gotischer Kirchen und Bekrönungen von Fenstern und und Portalen schmückt.

Langhaus Der Teil einer Kirche zwischen der Fassade und dem Querhaus.

Legende Erzählt vom Leben und Sterben eines Heiligen und ist mit Wundertaten und Abenteuern ausgeschmückt.

Legionär Bezeichnung für einen römischen Soldaten.

Marsellaise Französisches Freiheitslied, das zur Zeit der Französischen Revolution (1789) gesungen wurde. Heute ist die Marsellaise die französische Nationalhymne.

Martyrer Sind Gläubige, die wegen ihres Glaubens getötet werden.

Maßwerk Schmuckform der Gotik zur Unterteilung von Fenstern und Wänden.

Medaillon Rundes oder ovales Bildnis.

Mittelalter Das Mittelalter umfasst den Zeitraum von etwa 500 bis 1500 nach Christi Geburt und liegt in der ‚Mitte', zwischen den beiden anderen Abschnitten der europäischen Geschichte, dem Altertum und der Neuzeit.

Mönch Mönche leben nach genauen Regeln zusammen in einem Männerkloster und weihen ihr ganzes Leben Gott.

Mosaik Bilder und Muster, die aus Stein-, Ton- und Glasstückchen zusammengesetzt sind und die den Fußboden oder auch Wände schmücken.

Nonne Nonnen leben nach genauen Regeln zusammen in einem Frauenkloster und weihen ihr ganzes Leben Gott.

Oppidum Ubiorum siehe Ubier.

Opus caementicium Römischer Beton, aus Kalk, Sand und Bruchsteinen gemischt. In den Raum zwischen sauber aufgeschichteten Wänden aus Steinquadern gefüllt entstanden sehr stabile Mauern, etwa Stadtmauern, und Gewölbe.

Patrizier Reiche, oft adelige Bürger, deren Macht sich von Generation zu Generation weiter vererbte.

Pfeiler Eine senkrechte Stütze aus Stein oder anderem Material. Er kann rund oder viereckig sein.

Portal Ein besonders schön gestaltetes, verziertes und großes Tor zum Beispiel an Kirchen.

Praetorium Regierungssitz und Wohnpalast des Statthalters in römischer Zeit.

Querhaus Der Bauteil einer Kirche, der quer zum Langhaus verläuft und meist vor dem Chor liegt.

Relief Darstellung, die aus einer Hintergrundfläche, zum Beispiel aus Stein, Holz, Metall oder Elfenbein, herausgearbeitet ist.

Reliquie Das lateinische Wort bedeutet ‚Überrest' von Körperteilen eines Heiligen oder Gegenstände, die zu seinem Leben gehörten. In Reliquien ist nach christlichem Glauben die Kraft des Heiligen gegenwärtig.

Reliquiar Behältnis für Reliquien.

Renaissance In der Epoche des Übergangs zwischen dem Mittelalter und der Neuzeit wurde die Antike wieder entdeckt und der einzelne Mensch in den Mittelpunkt gestellt. Renaissance kommt aus dem Französischen und bedeutet übersetzt: Wiedergeburt.

Romanischer Baustil Als romanisch bezeichnet man die Kunst, die um das Jahr 1000 bis zu Beginn des 13. Jahrhunderts geschaffen wurde. Die Romanik weist Merkmale auf, die auch schon in der römischen Bauplastik vorkommen wie zum Beispiel Rundbogen.

Sage Wurde ursprünglich wie ein Märchen von Mund zu Mund weitergegeben. Sie berichtet von wunderbaren und gruseligen Dingen, denen jedoch meist eine tatsächliche Begebenheit zu Grunde liegt, die im Laufe der Zeit zu einer märchenhaften Geschichte geworden ist.

Sarkophag Sarg aus Stein.

Satyr Waldgeist in der griechischen Sage mit den Ohren, Hörnern und dem Schwanz des Ziegenbocks. Satyrn waren immer zu Späßen aufgelegt und begleiteten den Gott Dionysos.

Sklave Ein Mensch, der in völliger Abhängigkeit von einem anderen Menschen lebt, ein Leibeigener.

Skulptur Arbeit eines Bildhauers.

Stapelrecht Es verlangte, dass alle Waren in Köln ausgeladen und auf ihre Qualität hin überprüft wurden. Dann mussten sie drei Tage lang den Kölner Kaufleuten zum Kauf angeboten werden.

Statthalter Stellvertreter des römischen Kaisers in den Provinzen.

Statue Bezeichnung für eine Figur, die ein Bildhauer aus Stein, Holz, Metall oder Ton geschaffen hat.

Symbol Zeichen.

Synagoge Gebäude, in dem die jüdische Gemeinde ihren Gottesdienst feiert.

Thermen Badeanlagen der Römer.

Toga Obergewand, das nur von römischen Bürgern getragen werden durfte.

Triforium Laufgang im Innenraum einer Kirche, der sich zwischen den unteren Bogen und den oberen Fenstern befindet.

Tunika Untergewand für Männer und Frauen in der Römerzeit.

Ubier Germanisches Volk auf der rechten Rheinseite. Von den Römern wurden sie auf dem linken Rheinufer angesiedelt. Ihr Hauptort hieß Oppidum Ubiorum, aus dem später die Colonia Claudia Ara Agrippinensium wurde – das heutige Köln.

Zünfte Verbände der Handwerker im Mittelalter, zum Beispiel Bäckerzunft, Weberzunft.

Wichtige Adressen – alle einen Besuch wert!

Der Kölner Dom
Haltestelle: Dom/Hbf
Täglich 6–19.30 Uhr. Der Südturm kann von 9–16 Uhr, im Sommer bis 18 Uhr bestiegen werden.
Informationen rund um den Dom:
www.dom-fuer-kinder.de und
www.koelner-dom.de

Führungen kann man über das Domforum buchen.
Domforum
Domkloster 4, 50667 Köln (gegenüber vom Hauptportal des Domes)
Tel. 0221/92 58 47-30 (Mo–Do 10–12 und 13–15 Uhr)
Fax 0221/92 58 47-31
www.domforum.de

Die Domschatzkammer
Der Eingang zur Domschatzkammer liegt an der Nordseite des Domes (Bahnhof) oder vom Dom durch das nördliche Querhaus.
Täglich 10–18 Uhr geöffnet.
Führungen Di 11 Uhr und Do 15 Uhr

Deutsches Sport- & Olympia Museum
Rheinauhafen 1, 50678 Köln-Innenstadt
Tel. 0221/336 09-0, www.sportmuseum.info
Haltestelle: Heumarkt
Di–Fr 10–18, Sa, So, feiertags 11–19 Uhr
Führungen für Gruppen und Schulklassen, Kindergeburtstage nach vorheriger Anmeldung beim Besucherdienst: Tel. 0221/3 36 09-59, besucherdienst@sportmuseum.info

Duft-Museum Farina (Johann Maria Farina gegenüber dem Jülichs-Platz gegründet 1709)
Obenmarspforten 21, 50667 Köln-Innenstadt
www.Farina1709.com
Mo–Sa 11–18 Uhr oder nach Vereinbarung
Besichtigung nur im Rahmen einer Führung; Anmeldung unter Tel. 2001/399 89 94 oder museum@farina-haus.de

Käthe Kollwitz Museum
Neumarkt 18-24, 50667 Köln-Innenstadt
Tel. 0221/227-28 99, www.kollwitz.de
Haltestelle: Neumarkt
Di–Fr 10–18, Sa, So, feiertags 11–18 Uhr
Für Kinder: einmal im Monat Kollwitz-Werkstatt, regelmäßige Führungen (ab 6 Jahren), Kreativkurse in den Schulferien

Kölner Karnevalsmuseum
Maarweg 134–136, 50825 Köln-Braunsfeld
Tel. 0221/574 00-74, www.kk-museum.de
Haltestelle: Maarweg (Linie 1, Fußweg 9 Min.), Widdersdorferstr/Maarweg (Bus 141/143, Fußweg 2 Min.)
Di, Mi, Fr 10–16 Uhr, Do 10–20 Uhr, Sa, So 11–17 Uhr

Kölnisches Stadtmuseum
Zeughausstraße 1–3, 50667 Köln-Innenstadt
Tel. 0221/221-223 98, www.museenkoeln.de
Haltestelle: Appellhofplatz oder Dom/Hbf
Mi–So 10–17 Uhr, Di 10–20 Uhr
Führungen für Kinder, Kindergeburtstage: über Museumsdienst
Vom Museum gibt es speziell für Kinder kostenlose Audioführungen.

Mikwe (mittelalterliches Kultbad der jüdischen Gemeinde)
Rathausplatz, 50667 Köln-Altstadt
Haltestelle: Dom/Hbf
Außenstelle des Römisch-Germanischen Museums
Mo–Do 8–16.45, Fr 8–12, Sa 10–16 Uhr; den Schlüssel gibt es beim Pförtner in der Rathauslaube gegen Vorlage des Personalausweises (Kinder nur in Begleitung der Eltern

oder Erwachsener); So 11–13 Uhr gewährt der Wachmann des Praetoriums Einlass. Führungen können unter Tel. 0221/221-234 68 gebucht werden.

Museum für Angewandte Kunst
An der Rechtschule, 50667 Köln-Innenstadt
Tel. 0221/221-267 35, www.museenkoeln.de
Haltestelle: Dom/Hbf
Di–So 11–17 Uhr
Führungen für Kinder: über Museumsdienst

Museum für Ostasiatische Kunst
Universitätsstraße 100, 50674 Köln-Lindenthal
Tel. 0221/94 05 18-0, www.museenkoeln.de
Haltestelle: Universitätsstraße
Di, Mi, Fr–So 11–17, Do 11–20 Uhr

Museum Ludwig
Bischofgartenstraße 1, 50667 Köln-Altstadt
Tel. 0221/221-223 82, www.museenkoeln.de
Haltestelle: Dom/Hbf
Di–So 10–18 Uhr, jeden ersten Fr im Monat 10–22 Uhr
Führungen für Kinder: über Museumsdienst

Museum Schnütgen
Cäcilienstraße 29, 50677 Köln-Innenstadt
Tel. 0221/221-22 12, www.museenkoeln.de
Haltestelle: Neumarkt
Di–Fr 10–17, Sa/So 11–17 Uhr
Führungen für Kinder: über Museumsdienst

Museumsdienst Köln
Richartzstraße 2–4, 50667 Köln
Tel. 0221/221-234 68, Fax 0221/221-245 44
Übernimmt Führungen, auch für Kinder, Kindergeburtstage, für alle städtischen Museen.

Museumsschule beim Museumsdienst Köln
bietet Unterricht im
- Kölnischen Stadtmuseum
- Museum Ludwig
- Praetorium
- Römisch-Germanisches Museum
- Wallraf-Richartz-Museum

Tel. 0221/221-223 39

NS-Dokumentationszentrum – El-DE-Haus
Appellhofplatz 23–25, 50667 Köln-Innenstadt
Tel. 0221/221-263 32, www.nsdok.de
Haltestelle: Appellhofplatz
Führungen für Kinder: nach vorheriger schriftlicher Anfrage Di–Fr 10–16, Sa/So 11–16 Uhr, letzter Führungsbeginn: 14.30 Uhr

Praetorium unter dem Rathaus
Kleine Budengasse, 50667 Köln-Altstadt
Tel. 0221/925 53 09
Haltestelle: Dom/Hbf
Di–So 10–17 Uhr
Führungen für Kinder: über Museumsdienst

Rautenstrauch-Joest-Museum für Völkerkunde
Museum für Völkerkunde
Ubierring 45, 50678 Köln-Südstadt
Tel. 0221/336 94-0, www.museenkoeln.de
Haltestelle: Ubierring
Di-Fr 10–16, Sa 11–16, So 11–18 Uhr
Führungen für Kinder: über Museumsdienst

Römisch-Germanisches Museum
Roncalliplatz 4, 50667 Köln-Altstadt
Tel. 0221/221-244 38, www.museenkoeln.de
Haltestelle: Dom/Hbf
Di–So 10–17 Uhr
Führungen für Kinder, Kindergeburtstag und weitere Veranstaltungen: über Museumsdienst

Schokoladenmuseum (Imhoff-Stollwerck-Museum)
Rheinauhafen 1a, 50678 Köln-Innenstadt
Telefon 0221/93 18 88-0
www.schokoladenmuseum.de
Haltestelle: Heumarkt
Di–Fr 10–18 Uhr, Sa, So, feiertags 11–19 Uhr
Führungen für Kinder: bis max. 20 Personen, nach schriftlicher Vereinbarung oder jeden So 15 Uhr (max. 20 Pers.); ebenfalls werden Kindergeburtstage ausgerichtet.

St. Ursula und die Goldene Kammer
Ursulaplatz 24, 50668 Köln-Eigelstein
Mo–Sa 10–12 und 15–17 Uhr, So 14–16.30 Uhr
Haltestelle: Breslauer Platz
Führungen für Kinder: über Museumsdienst
Weitere Informationen zur Kirche findest du unter www.romanische-kirchen-koeln.de.

Wallraf-Richartz-Museum
Fondation Corboud
Martinstr. 29, 50667 Köln-Altstadt
Tel. 0221/221-276 94 (Infostand)
www.museenkoeln.de
Haltestelle: Heumarkt, Dom/Hbf
Di 10–20, Mi–Fr 10–18, Sa/So 11–18 Uhr
Führungen für Kinder, Kindergeburtstage: über Museumsdienst

4711-Museum – Muelhens-Archiv
Glockengasse 4711, 50677 Köln-Innenstadt
Tel. 0221/257 39 11
www.4711.com (virtueller Museumsrundgang)
Haltestelle: Appellhofplatz
Mo–Fr 9.30–20, Sa 9–16 Uhr

Bildnachweis

9, 192 re. Anita Kloten
10, 39, 41 o. Günter Hürtgen
11, 13, 15, 16, 19, 28, 32, 36, 48 re. Römisch-Germanisches Museum
12, 14, 17, 22 u., 25, 70 re., 83 o., 88, 91 u., 98, 120 o., 125 u., 127 o., 176, 191 o., 195 Elisabeth Mick
18, 24, 34, 35, 41 u., 60, 61, 66 li., 70 li., 71, 76, 78, 87, 88, 89, 93, 95, 96, 97, 116, 118, 127 u., 133, 135, 136 o., 137, 138 u., 140 u., 144, 145, 152, 155, 156, 159 o., 170, 178 li., 179 o., 190, 193 o., 194 li., 194 m., 196 o. Rheinisches Bildarchiv
20 O. Görz
22 o., 29, 31, 63, 66 re., 68 u., 107, 164 o., 180, 189 o., 196 li., Coverfoto Csaba Peter Rakoczy
26, 27, 30, 33, 43, 44, 45, 54, 62, 75, 84, 92, 100, 132, 136 u., 138 o., 143, 151, 157, 178 re., 193 m., 194 re., 206 f., Vorsatz vorne u. hinten Archiv Bachem
47, 48 li., 57 Dombauarchiv, Matz und Schenk
51 Hans Georg Esch
52 Skylive, Stadt Köln
53, 177 o. Museum Schnütgen
55, 56, 58, 68 o., 69, 72, 74, 183 Robert Boecker
59, 82, 85, 90 u., 91 o., 99 li., 110 u., 115, 117 o., 139, 141, 142 u.,146, 148, 149, 158, 163, 165 u., 166 li., 167, 168, 169, 171 o., 173, 191 u. Kölnisches Stadtmuseum
65, 198 li. Inge Decker, Stadt Köln
67, 77, 79, 81, 83 u., 105, 110 o., 111, 125 o., 149, 179 u.li., 179 u.m., 197 u. Boris Loehrer
80, 86, 120 u., 122, 130, 131, 147, 179 u. re. Fritz Schnell
99 re., 102, 185 o., 187 Celia Körber-Leupold
101, 117 u., 123, 128, 129 Thilo Schmülgen
109 Archiv Johann Maria Farina gegenüber dem Jülichs-Platz GmbH
114 Archiv Stollwerk
124 Joachim Bauer, Stadt Köln
126 Sammlung Peter Ditgen
140 o., 177u., 185 u., 189 m., 189 u., 198 re. JoAchim Rieger
142 o. Archiv Kölsche Funke rut-wieß vun 1823 e.V.
150, 159 u., 175 Archiv Ford-Werke AG
160, 164 u., 165 o. El-De Haus
166 re. Hermann Claasen, Repro: Kölnisches Stadtmuseum
171 u., 172, 174 Walter Dick
184 Kölner Sportstätten GmbH, Stadt Köln
186, 197 o. KölnTourismus, Stadt Köln
188 Koelnmesse
181 Günter Ventur, Stadt Köln
196 u. Postkarte nach August Sander
198 u. Ingeborg Plum und Klasse 4a der Albert-Schweitzer-Grundschule, Köln

Trotz intensiver Bemühungen war es uns nicht in allen Fällen möglich, die Rechteinhaber der Fotos ausfindig zu machen. Berechtigte Ansprüche werden selbstverständlich im Rahmen der üblichen Vereinbarungen abgegolten.

BACHEM ENTDECKERTOUREN

Bücher über Köln für alle, die Lust auf mehr Geschichte(n) haben!

Alle Bücher für Kinder ab 6 Jahren, mit Stadtrundgängen, Orientierungskarten, Quizfragen und anderen spannenden Aufgaben. 48 Seiten mit zahlreichen Fotos

je 5 Euro

Guido Ricken
Die Stadt der Kaiserin
Kinder entdecken das römische Köln

ISBN 3-7616-1803-4

Anke Blieschies
Drei Kronen und elf Flammen
Das Kölner Stadtwappen für Kinder

ISBN 3-7616-1817-4

Anke Blieschies
Der mit dem Löwen kämpfte ...
Kinder entdecken das mittelalterliche Köln

ISBN 3-7616-1787-9

Elisabeth Mick
Kölnisches Stadtmuseum
Der Museumsführer für Kinder
Mit einem Gutschein für einmal freien Eintritt für ein Kind

ISBN 3-7616-1922-7

Anke Blieschies
Die Kölner bauten eine Kathedrale
Kinder entdecken den Kölner Dom

ISBN 3-7616-1788-7

J.P. BACHEM VERLAG
Entdecker Touren

ALLE TITEL IN IHRER BUCHHANDLUNG ERHÄLTLICH

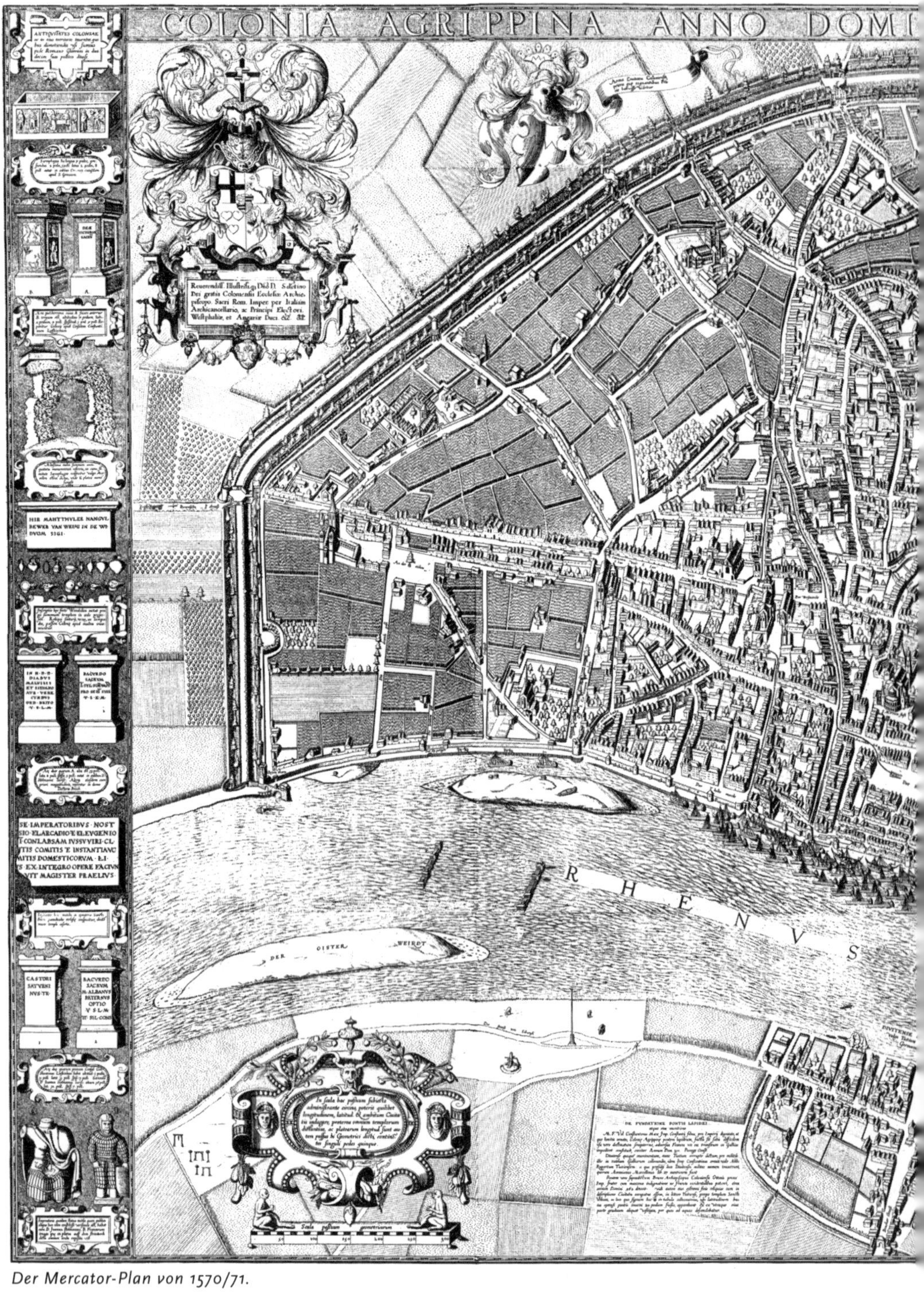

Der Mercator-Plan von 1570/71.

M.D.LXXI. EXACTISSIME DESCRIPTA
DE FVNDATIONE
ATQVE ANTIQVITATE
HVIVS VRBIS
DEAE
FORTVNE
IVNONI
IVSCA
MABVS
MASIVS
VOTVM
RETVLIT
F L V V I V S

Mercur, Teufel, Heinzel Mann und Emma Elf waren gemeinsam im Römisch-Germanischen Museum und im Kölnischen Stadtmuseum. Mit den zwei Gutscheinen hast du freien Eintritt in beide Museen. Du kannst dir also selbst die Zeugnisse aus der Vergangenheit im Museum ansehen und noch mehr über die Kölner Geschichte erfahren, als die vier dir erzählt haben.

Gutschein

für einmal freien Eintritt
für ein Kind in das
Römisch-Germanische Museum

Bitte im Museum abstempeln lassen.

DieMaus

Die Maus:© I. Schmitt-Menzel, WDR
mediagroup licensing GmbH,
Die Sendung mit der Maus ® WDR,
Lizenz: Bavaria Sonor

Gutschein

für einmal freien Eintritt
für ein Kind in das
Kölnische Stadtmuseum

Bitte im Museum abstempeln lassen.

DieMaus

Die Maus:© I. Schmitt-Menzel, WDR
mediagroup licensing GmbH,
Die Sendung mit der Maus ® WDR,
Lizenz: Bavaria Sonor

KÖLN UND UMGEBUNG
1911.
BEARBEITET UND HERAUSGEGEBEN VON
GREVEN'S KÖLNER ADRESSBUCH-VERLAG ANT. CARL GREVEN
BRÜCKENSTRASSE 6.
Mafsstab 1:12000.
(1 cm der Karte = 120 m in der Natur)
Meter, 1000 = 1 Kilometer.
Die Linien des Orientierungsnetzes sind in Abständen von je 50 mm = 600 m in der Natur, genau von Westen nach Osten und von Süden nach Norden, gezogen.
Nachdruck verboten. Eigentum des Herausgebers.
Deckstein
Kriel
LINDENTHAL
16
SÜLZ
Komar
Klettenberg
Rangierbahnhof
Eifeltor
W.
S.
N.
O
Süd-Friedhof
Zollstock
Botanischer Garten
Raderthal
15
14
24
Raderberg
Arnoldshöhe
Kolonie Wilhelmsruhe
Mannsfeld
BAYENTHAL
MARIENBURG
30
1
2
9
10
11
12
26
RHEIN
Vorhafen
Deutzer Industrie-Hafen
Poller Spielplätze
19
Friedhof
Exerzier-Platz
KÖLN
POLL
STADTGEMEINDE KÖLN.